大学生创新创业能力
与职业生涯规划课教学研究

秦月　著

云南出版集团

云南美术出版社

图书在版编目(CIP)数据

大学生创新创业能力与职业生涯规划课教学研究 /
秦月著. — 昆明：云南美术出版社，2023.4
ISBN 978 – 7 – 5489 – 5293 – 0

Ⅰ. ①大… Ⅱ. ①秦… Ⅲ. ①大学生 – 创业 – 能力培
养 – 研究 Ⅳ. ①G647.38

中国国家版本馆 CIP 数据核字(2023)第 064664 号

责任编辑：梁　媛　刁正勇
责任校对：洪　娜　邓　超　李　平
装帧设计：刘慧敏
封面设计：寓　羽

大学生创新创业能力与职业生涯规划课教学研究

秦月　著

出版发行：云南出版集团
　　　　　云南美术出版社(昆明市环城西路 609 号)
制版印刷：昆明德厚印刷包装有限公司
开　　本：787mm×1092mm　　1/16
印　　张：6.5
字　　数：250 千字
版　　次：2023 年 4 月第 1 版
印　　次：2023 年 4 月第 1 次印刷
书　　号：ISBN 978 – 7 – 5489 – 5293 – 0
定　　价：45.00 元

前　言

　　大学生创新创业教育是以培养高素质创新人才为目的，以提升大学生的创新意识，训练创新思维、提高创业能力为目标，以科学的创新创业理论和实践为内容的一种关注人的发展和人生职业规划的教育。在当前我国经济快速发展的形势下，大学生的就业压力越来越大，因此，鼓励大学生进行自主创新创业是我国社会发展的需要。创新创业教育是大学生职业发展能力培养内涵的提升、拓展和延伸。在职业生涯规划过程中，对大学生进行创新创业教育是符合现代高校发展需求的，这对于提高大学生的创新创业能力非常重要。

　　本书从大学生创业基础知识入手，对创新思维与创新能力、大学生创新创业的环境与素质进行了分析，同时结合实践经验，对大学生职业生涯的规划与实施，大学生职业生涯规划的评估、修正及管理等进行了梳理，最后对大学生职业适应与发展进行了详细阐述。希望通过本书的介绍，能够为高校开设大学生创新创业能力与职业生涯规划课提供帮助。

　　本书在写作过程中，笔者参阅了相关文献资料，在此，谨向其作者深表谢忱。

　　由于水平有限，疏漏和缺点在所难免，希望得到广大读者的批评指正，并衷心希望同行不吝赐教。

著　者

2022 年 12 月

目　录

第一章　大学生创业基础

第一节　基本能力及必备条件

一、大学生创业优势

大学生往往对未来充满希望，他们有着年轻的血液、充满激情，而这些都是一个创业者应该具备的素质。大学生在学校里学到了很多理论性的东西，有着较高层次的技术优势，而技术的重要性是不言而喻的，大学生创业从一开始就必定会走向高科技、高技术含量的领域，"用智力换资本"是大学生创业的特色和必然之路。一些风险投资家往往就因为看中了大学生所掌握的先进技术，而愿意对其创业计划进行资助。现代大学生有创新精神，有对传统观念和传统行业挑战的信心和欲望，而这种创新精神往往是大学生创业的动力源泉，成为成功创业的精神基础。大学生创业的最大好处在于能提高自己的能力，增长社会实战经验以及学以致用；通过成功创业，可以实现自己的理想，证明自己的价值。

二、大学生创业优惠政策

为支持大学生创业，国家各级政府出台了很多优惠政策，涉及融资、开业、税收、创业培训、创业指导等诸多方面。对打算创业的大学生来说，只有了解这些政策，才能走好创业的第一步。应届大学毕业生创业可享受免费风险评估、免费政策培训、无息贷款及部分税费减免等优惠政策。

三、大学生创业需具备的基本能力

（一）自我认知及科学规划

这一点对年轻人来说，是不容易实现的。尤其是刚出校门的大学生，他们对社会和自己的认识还非常有限。要想清楚地知道自己以后发展方向在哪里，仅靠自身的苦思冥想是找不到答案的。最好的办法就是通过自己去观察别人，征求"过来人"的意见，再结合自己的实际情况制订一些小的目标，通过确定和实现这些小目标，再慢慢地开始规划自己的人生。

在创业过程当中，要经常性地提前计划或规划一些事情。在制订计划的时候一定要综合各种因素，形成切实可行的规划，要将任何可能的细节都考虑在内。而在实施的过程中要针对当下的具体情况适时做调整。在运营时，需要强有力的计划管理能力，只有具备这一能力才能让自己更靠近创业成功。

（二）管理能力

任何创业都如同经营一家企业一样，需要制订各种制度。制度不在于多，而在于是否让所有人都能明白其道理，并且严格执行。大学生创业者需要针对自己团队的实际情况建立各种有效的管理制度，包括员工管理、培训，绩效考核等。同时，针对市场的不断变化而改进相应制度，只有这样才能让创业者及其团队立于不败之地，拥有发展的主动权。在此想提醒大学生创业者，在制订和改进管理制度的时候，一定要基于客观事实，要极力保证制度的可实施性。

大学生创业者每天都会通过不同渠道接触各种信息，如竞争对手开始降价，明天要下雨，厂家又有新政策等。如何从大量的信息里筛选与自己相关的信息，再从与自己相关的信息里找到有效的信息，需要长时间的锻炼。只有正确有效的信息才能指导各项工作有序开展。大学生创业者由于缺乏大量的社会实践经验，所以在接触各种信息的时候，难免会有失偏颇地做一些决定。当对信息无所适从时，可以向前辈进行请教，加以甄别。要在观察和请教别人的过程当中，不断提高自身管理信息的能力。

大学生创业必须要有明确的目的性。在不同创业阶段需制订明确的目标，把目标进行细致化的分解。一个创业团队要想得到长远发展，那么必须得有长远的发展目标。长远的发展目标又可以按阶段分解成不同的小目标，而这些小目标又可以分解给每个负责人。在这个过程当中，作为大学生创业者、主导者，就需要对不同的目标进行统筹和管理。

（三）谈判能力

在大学生创业者的人际交往过程当中，与人谈判的情况必不可少。谈判对创业者的要求是综合多面的，需要创业者有一定的语言能力、心理分析能力、人文素养等。要想在谈判当中占据主动地位，必须要有很强的谈判能力。杰出的谈判能力能够让创业者在谈判过程当中直接获得更多的主动性。

（四）学习能力

在现代社会，一个人要想取得不断的成功，必须具备持续的学习能力。市场和行业的竞争日益激烈，大到一个企业，小到个人要想力争上游，就必须比竞争对手更快地掌握更多的知识，通过不断的学习使自己保持竞争优势。对于大学生创业者而言，除了学习书本的理论知识外，更要重视培养其他方面的综合能力。

四、大学生创业的必备条件

（一）经验

大学生长期待在校园里，对社会缺乏了解，特别在市场开拓、企业运营上，很容易陷入眼高手低、纸上谈兵的误区。因此，大学生创业前要做好充分的准备，一方面，可以去企业实习以积累相关的管理和营销经验；另一方面，要积极参加创业培训，积累创业知识，接受专业指导，提高创业成功率。

（二）资金

一项调查显示，大学生普遍认为"资金是创业的最大困难"。的确，没有资金，再好的创意也难以转化为现实的生产力。因此，资金准备是大学生创业要度过的第一个难关。大学生要拓展思路，多渠道融资，除了银行贷款、自筹资金等传统途径外，还可充分利用风险投资、天使投资、创业基金等。

（三）技术

用智力换资本，这是大学生创业的特色之路。一些风险投资家往往就因为看中大学生所掌握的先进技术，而愿意对其创业计划进行资助。因此，打算在高科技领域创业的大学生一定要注意技术创新，开发具有自己独立知识产权的产品，吸引投资商。

（四）能力

大学生由于长期接受知识教育，不熟悉具体经营，虽然在技术上出类拔萃，但他们的理财、营销、沟通、管理方面的能力普遍不足。要想创业获得成功，大学生创业者必须技术、经营两手抓。建议可从合伙创业、家庭创业或低成本的虚拟店铺开始，锻炼创业能力。

第二节　基本策略与具体方法

一、组建创业团队

（一）创业团队的构成要素

1. 创业目标

创业团队要有一个明确的目标，它能规范团队成员的思想和行为。没有目标，创业团队就没有存在的价值。

2. 创业人员

目标是通过具体人员实现的，所以人员的选择是创业团队中非常重要的一部分，在一个团队中可能需要有人出主意，有人订计划，有人实施，有人组织协调，还要有人监督团队工作的进展，评价团队最终的贡献。不同的人通过不同分工来共同完成团队的目标，因此在人员选择方面要考虑到人员的知识、能力和经验如何，以及技能是否互补。

3. 创业团队的定位

创业团队的定位包含两层意思：一是创业主要成员的定位，即确定团队在企业中处于什么位置，由谁选择和决定团队的成员，团队最终应对谁负责等；二是个体的定位，即对团队成员进行明确分工，确定各自承担的责任。

4. 权限

一是团队领导者的权力。团队领导者的权力大小与创业团队的发展阶段相关。一般来说，在创业团队发展的初期，领导权相对比较集中，团队越成熟，领导者拥有的权力相应越小。二是团队权力。要确定整个团队在组织中拥有什么决定权，例如财务决定权、人事决定权等。

5. 创业计划

计划是对实现目标所做出的安排，是未来行动的方案。可以把计划理解成目标实施的具体工作程序。计划只有在一步一步落实的情况下，才会接近目标并最终实现。

（二）创业团队的组建

创业者想要取得成功最重要的还是要有坚强的毅力和信念。越来越多的创业者开始组建成功的创业团队，因为想要创业成功必须依靠团队的力量。

1. 彼此熟悉

优秀的创业团队的所有成员都应该互相非常熟悉，知根知底。在创业团队中，团队成员都非常明确的了解自身的优劣势，同时对其他成员的长处和短处也一清二楚，这样可以很好地避免团队成员之间因为相互不熟悉而造成的各种矛盾、纠纷，能够迅速提高团队的向心力和凝聚力。

2. 才华各异

优秀的创业团队成员应各有各的长处，大家结合在一起，正好是相互补充、相得益彰。相对来说，一个优秀的创业团队必须包括以下几种人：①一个创新意识非常强的人。这个人可以决定企业未来的发展方向，相当于企业战略决策者。②一个策划能力极其强的人。这个人能够全面、周到地分析整个企业面临的机遇与风险，考虑成本、投资、收益的来源及预期收益，甚至还包括企业管理章程、长远规划设计等工作。③一个执行能力较强的人。这个人具体负责业务的执行过程，包括联系客户、接触终端消费者、拓展市场等。

3. 优秀的领导者

在企业管理和市场营销中，我们经常谈论领导者的核心竞争力。事实上，在创业团队中，领导者的作用更加重要。

在创业团队中必须有可以胜任的领导者，而这种领导者并不是单单靠资金、技术、专利来决定的，也不是谁出的点子好谁就当头。这种带头人是团队成员在多年同窗、共事过程中发自内心认可的。不管大学生创业者在某个行业多么优秀，但不可能具备所有的经营管理经验，而借助团队，他们可以拥有企业所需要的经验，如顾客经验、产品经验和创业经验等。而且人际关系在创业中被放在一个很重要的位置，人际关系网络始终在帮助大学生创业者。通过团队，人脉可以得到拓展，这可以提高创业成功的概率。

组成团队与管理团队是成功创业领导者需要具备的主要能力之一。由于组成创业团队的基础在于创业远景与共同信念，因此创业者需要提出能够凝聚人心的远景规划与经营理念，形成共同目标、语言、文化，作为互信与利益分享的基础。

（三）创业团队的股权分配

1. 股权分配内容

资金股权的确定需区分投资者的类型。一般来说，个人投资需依据投资人的个人特性，机构投资则需要一套价值评估系统。因此，应该首先从人的角度来解决投资资金占的股份比例问题。

在经营股权总的比例定好了之后，就可以考虑每个人在团队中担任的职责和义务了。设立简单的虚拟股权绩效评价系统，即在创业过程中让股东的股权随着个人绩效的变化有一定调整幅度的激励制度。这个制度是中立的，因此经营股权的分配比例也是按照职责、岗位来分的，而不是按照人来分的。如果觉得还应该考虑创意部分的股份，那把这个方面单列，让最开始提出这个创意的人获得一定的股权回报。

因此，对待股权分配最基本的就是让股权不按照人来分，而是按照客观的资金、职责、岗位、创意等内容来分。

2. 股权分配计划

股权分配计划主要有两种：股权分配激励计划和工资扣存储存款计划。

（1）股权分配激励计划

股权分配激励计划必须是由税收部门核准的。他们向员工提供可以合理购买企业股票的机会；企业借此可以增加"免费""合伙人"和"搭配"股份。当然，可以提供给员工的自由股的额度是有限制的。

（2）工资扣存储存款计划

工资扣存储存款计划必须征得税收部门核准。它们提供给员工在3年、5年、7年后用当年的价格购买的机会或者是给员工20%的折扣。购买可以通过每月从员工的账户中扣除既定数额的方式来实现。

二、对商业机会进行识别与评估

（一）商业机会的识别

商业机会的识别是创业过程中一个具有关键意义的阶段，许多很好的机会并不是突然出现的。不同的创业者会辨识出不同的商业机会。虽然大多数情况下并不存在标准的识别市场机会的机制，但通过某些来源分析往往可以有意外的收获。这些来源包括消费者、营销人员、专业协会成员或技术人员等。无论商业机会来源于何处，都需要经过认真细致的评估。

尽管发现了商业机会，但这并不意味着要创业，更不意味着成功就在眼前。创业活动是创业者与创业机会的有机结合，并非所有的创业机会都有足够大的价值潜力来填补为把握机会所付出的成本，也并非所有机会都适合每个人。大部分创业机会仍然存在于传统行业中，工作经验也起到十分重要的作用，因此大学生创业者最好选择自己所擅长的领域。对大学生创业者来说，关键在于如何能够从众多商业机会中找到有价值的创业机会，并采取有效、快速的行动来把握机会。

有价值的创业机会具有四个主要特征：①有吸引力。商业机会总会带来市场需求，使创业产生盈利，因而受到创业者与投资者的追寻与青睐；②持久性。商业机会取决于市场变化，市场环境的变化是持久的，而商业机会客观存在于一定的市场环境之中，也是持久的；③及时性。商业机会产生于一定条件下，随着环境的变化，消费者需求会发生转移，商业市场机会也会随之改变。为此，创业者必须及时地捕捉机会，科学地加以利用，以取得良好的经济效益；④客观性。无论创业者是否意识到市场机会总是客观存在于一定的市场环境中，一个企业未能发现的机会都会被另一个企业捕捉和利用。因此，创业者应积极从市场环境变化的规律中寻找机会。

（二）商业机会的评估

1. 评估方法

商业机会的评估方法主要包括定性、定量分析。定性分析侧重考虑该市场机会所需具备的成功条件，分析商业机会所拥有的优势，企业所拥有的竞争优势与本企业的发展方向和目标是否一致。定量分析主要是商业分析中的经济效益分析，其任务是在初步拟定营销计划的基础上，从财务上进一步判断选定机会是否符合创业目标。

2. 评估准则

商业机会的评估准则包括对行业与市场、获利能力、竞争优势、管理团队、致命缺陷等进行评估并分析顾客群体大小、预期获利能力。创业机会一定是适应市场的，因此创业时要尽量寻找空白或潜力市场，而市场机会的评估是整个创业过程中的关键步骤，做好市场评估有益于得到最佳的商业机会。

3. 市场评估

商业机会的市场评估大致有以下内容：是否具有市场定位；专注于具体顾客要求，能为顾客带来新的价值；依据创业机会的市场评估机构做出评估，分析创业机会所面临市场的规模大小；评价创业机会的市场参透力；预测可能取得的市场占有率；分析产品的成本结构。

4. 效益评估

商业机会的效益评估主要包括四个方面：税后利润至少高于5%；达到盈亏平衡的时间应低于两年；投资回报率应高于25%；资本需求量较低。

三、对商业模式进行检验

（一）逻辑检验

逻辑检验可以从两个标准来衡量：能否为客户提供独特的价值和利益，相关者能否实现共赢。商业模式创新过程就是从客户角度出发，发挥想象力怎样让事情变得更好的过程，其关键在于设计出一种新的优于现存方法的方案，并且为客户解决实际问题。

（二）经济检验

创新追求的是投入资源的更高价值与效益，创新的实践效果自然包括经济效果。在生产领域，利润标准和生产率标准更是创新检验的主要标准。这就需要对市场的规模和盈利率、消费者的消费行为和心理、竞争者的战略和行为进行分析和假设，从而估算出关于成本、收入和利润的量化数据以评价创业的可行性。当预算出的损益达不到要求时，商业模式则不能通过经济检验。

商业模式既然是企业价值创造的核心逻辑，那判断其优劣的标准就是创造价值的效率。当然，为顾客创造价值不代表企业就能够获利，利润要与供应商、顾客、竞争者、替代品、互补品之间相互联系才能决定其归属。而决定企业的利润还需要考虑以下几项因素：专用型资源、资源稀少性、资源可替代性、资源可模仿性、时间困难性、整合关联资源等。在考虑利润的同时需要注意成本。利润是指收益与成本之间的差额，能降低成本即表示利润可进一步提升。

（三）文化检验

人文资源把文化价值、审美价值、生态价值等要素融入商品的开发设计和市场推广中，促其优化升级，实现质变，通过提供创新的深层动力和智力保障，使新的产业形态得以构筑。新经济时代的经济产品将同时是文化性兼容并蓄的，文化中折射出经济的要素、商品的属性。文化差异主要是指企业在开展全方位经营的过程中，对商业模式创新需要考虑文化上的差异，使创新与文化契合。

（四）社会检验

当前人们一直把创造利润的多少作为商业模式成功与否直接而唯一的判断标准，这是不完整的。一种好的商业模式当然应关注利润，但同时应兼顾它给用户能否带来更大价值，能否给社会带来好处。进行商业模式创新时，要深深植入社会责任，才能创造一种真正长期有效、能被整个社会所接受的商业模式。总之，商业模式创新仅仅是一种工具或途径，支撑它不断向前的是那些长期以来被人们忽视的力量。

四、对创业资源进行整合

(一) 创业资源概述

创业资源是指新创企业在创造价值的过程中需要的特定资产，包括有形与无形的资产。它是新创企业创立和运营的必要条件，主要包括：创业人才、创业资本、创业机会、创业技术和创业管理等。

(二) 创业资源整合

创业资源整合就是指寻找并有效利用各种创业资源的过程。这一过程必须具备两个基本特点：尽量多的发现有利的创业资源；以效率最高的方式来配置、开发和利用这些资源。

(三) 资源整合的原则

大学生创业者能否成功地开发出机会，进而推动创业活动向前发展，通常取决于他们掌握和能整合到的资源以及对资源的利用能力。许多大学生创业者早期所能获取与利用的资源都相当匮乏，而优秀的大学生创业者在创业过程中所体现出的卓越创业技能之一就是能创造性地整合和运用资源，尤其是那种能够创造竞争优势，并带来持续竞争优势的资源。尽管与已存在的进入成熟发展期的大企业相比，创业型企业资源比较匮乏，但实际上大学生创业者所拥有的创业精神、独特创意以及社会关系等资源却同样具有竞争性。因此，对大学生创业者而言，一方面，要借助自身的创造性，用有限的资源创造尽可能大的价值，另一方面，要设法获取和整合各类有用资源。

1. 善用整合技巧

创业总是和创新、创造联系在一起。一位成功者结合自身的创业经历提出了这样的观点：缺少资金、设备、雇员等资源，实际上是一个巨大的优势。因为这会迫使创业者把有限的资源集中于销售，进而为企业带来资金。为了确保企业持续发展，创业者在每个阶段都要问自己，怎样才能用有限的资源获得更多的创造价值。

2. 学会拼凑

很多创业者都是拼凑高手，通过加入一些新元素，与已有的元素重新组合，形成在资源利用方面的创新行为，进而带来意想不到的惊喜。创业者通常利用身边能够找到的一切资源进行创业活动，有些资源对他人来说也许是无用的、废弃的，但创业者可以通过自己的独有经验和技巧，加以整合利用。例如，很多高新技术企业的创业者并不是专业科班出身，可能只是出于兴趣或其他原因，对某个领域的技术略知一二，却凭借这一点敏锐地发现了机会，并迅速实现了相关资源的整合。

整合已有的资源，快速应对新情况，是创业的利器之一。创业者善于用发现的眼光，洞悉身边各种资源的属性，将它们创造性地整合起来。这种整合很多时候甚至不是事前仔细计划好的，而往往是善于捕捉机会。而这也正体现了创业的不确定性，并考验创业者的资源整合能力。

3. 步步为营

创业者分多个阶段投入资源并在每个阶段投入最有限的资源，这种做法通常被称为"步步为营"。步步为营的策略首先表现为节俭，即设法降低资源的使用量，降低管理成本。但过分强调降低成本，会影响产品和服务质量，甚至会制约企业发展。所以，需要"有原则地保持节俭"。

步步为营策略表现为自力更生，减少对外部资源的依赖，目的是降低经营风险，加强对所创企业的控制。很多时候，步步为营不仅是一种创业过程中最经济的方法，也是创业者在资源受限的情况下寻找实现企业理想目标的途径，更是在有限资源的约束下获取满意收益的方法。习惯于步步为营的创业者会形成一种审慎控制和管理的价值理念，这对创业型企业的成长与向稳健成熟过渡尤为重要。

4. 发挥杠杆效应

创业过程尽管存在资源约束，但创业者并不会被当前控制或支配的资源所限制。成功的创业者善于利用关键资源的杠杆效应，即利用他人或者别的企业的资源来完成自己创业的目的：用一种资源补足另一种资源，产生更高的复合价值或者利用一种资源撬动和获得其他资源。其实，大企业也不只是一味地积累资源，他们更擅长于资源互换，进行资源结构更新和调整。积累战略性资源，这是大学生创业者需要学习的经验。

对大学生创业者来说，容易产生杠杆效应的资源主要包括人力资本和社会资本等非物质资源。创业者的人力资本由一般人力资本与特殊人力资本构成。一般人力资本包括受教育背景、以往的工作经验及个性品质特征等。特殊人力资本包括产业人力资本（与特定产业相关的知识、技能和经验）与创业人力资本（创业经验或创业背景）。调查显示，特殊人力资本会直接作用于资源获取。有产业相关经验和先前创业经验的创业者能够更快地整合资源，更快地进行市场交易。而一般人力资本使创业者具有知识、技能、资格认证、名誉等资源，也提供了同窗、校友、教师以及其他社会资源。

相比之下，社会资本有别于物质资本、人力资本，是创业者从各种社会结构中获得的利益，是一种根植于社会关系网络的优势。在个体分析层面，社会资本是嵌入、来自于并浮现在个体关系网络之中的真实或潜在资源的总和，它有助于创业者开展目的性行动，并为创业者带来竞争优势。与外部联系人交往频繁的创业者所获取的相关商业信息更加丰富，从而有助于提升创业者对特定商业活动的深入认识和理解，使创业者更容易识别出常规商业活动中难以被其他人发现的客户需求，进而更容易获得创业资源。

既然资源与利益相关，创业者在整合资源时，就一定要设计好有助于资源整合的利益机制，借助利益机制把潜在的和非直接的资源提供者整合起来，借力发展。因此，整合资源需要关注有利益关系的组织或个人，要尽可能多地找到利益相关者。同时，分析清楚这些组织或个体和自己以及自己想做的事情之间的利益关系。利益关系越强、越直接，整合到资源的可能性就越大，这是资源整合的基本前提。值得注意的是，利益关系者之间的利益关系有时是直接的，有时是间接的，有时是显性的，有时是隐性的，有时甚至还需要在没有的情况下创造出来。另外，有利益关系也并不意味着能够实现资源整合，还需要找到利益共同点。为此，识别到利益相关者后，逐一认真分析每一个利益相关者所关注的利益就非常重要。在多数情况下，将相对弱的利益关系变强，更有利于资源整合。然而，有了利益共同点并不意味着就可以顺利实现资源整合。资源整合是多方面的合作，而切实的合作需要对各方面利益真正能够实现的预期加以保证，这就要求寻找和设计多方共赢的机制。对于在长期合作中获益、彼此建立起信任关系的合作，双赢和共赢的机制已经形成，进一步的合作并不难。但对于首次合作，建立共赢机制尤其需要智慧，要让对方看到潜在的收益，且为了获取收益而愿意投入资源。因此，创业者在设计共赢机制时，既要帮助对方扩大收益，也要帮助对方降低风险。在此基础上，还需要考虑如何建立稳定的信任关系，并加以维护、管理。

五、对新创企业进行管理

（一）财务管理

1. 优化财务管理机制

优化财务管理机制主要表现在：①建立完善的记账系统。新创企业面临诸多问题，如购买固定资产、准备原材料、提供服务等生产经营活动，创业者不仅要高度重视现金和产品的管理，更要重视对原材料、半成品的管理，对这些企业资产要做到及时入账，从而对接好企业的实际财务活动。②企业要明确经营活动中财务管理的对象、目标及管理方式，并且对生产经营过程中的各项财务活动都需要进行监督管理，从而形成良好的内部控制机制，保证财务决策的合理性、科学性。③融资决策需要有明确的企业资本结构分析以及偿债能力分析报告，且投资决策需要依据规范的财务资源需求及投资回报情况进行。④建立良好的清查分析系统，定期盘查企业自身的财务状况，分析企业的资产负债率、存货周转率、应收账款比例及坏账比率等财务风险指标，将盘查结果形成规范的分析报告并记录存档，作为新创企业日后发展的重要参考依据。

2. 强化现金流量管理

现金流量是评价企业综合素质的重要指标，是企业财务管理的核心内容。新创企业要高度警惕现金的流向、流量和周转率，以免资金链断裂。同时，新创企业应严格地对安全区内的可供资金量和对资金使用效益进行评估，以作为决定企业发展速度和规模扩张的重要前提。新创企业要严格限制短贷长用，避免将大量的短期债务资金用于大规模的长期资产购建，要将债务流动性风险控制在合理的范围内，这是新创企业长足发展的重要保障。

3. 建立风险预警机制

财务风险预警能及时发现财务管理的问题，提前发出预警信号，警示企业及时分析财务恶化的原因，积极采取措施改善财务状况和财务结构，化解财务风险。新创企业要建立完善的风险防范制度，规范企业内控制度建设，确保财务风险预警和监控制度有效运作。这要求新创企业建立实时、全面、动态的财务预警系统，对企业在经营管理活动中的潜在风险实时监控。新创企业要以企业的财务报表、经营计划及其他相关的财务资料为依据，通过对财务指标的分析，了解企业的资金运行状况、偿债能力和盈利能力，准确预测出企业财务状况的危机所在。

4. 关注财务预测

许多新创企业在发展过程中较少关注财务预测，因而面临极大的不稳定性。新创企业若能分清确定与不确定事项，并进行相应的财务预测，不仅能发挥财务管理职能，更能控制财务风险。财务预测是企业对企业花费、成本的合理估算，是对未来增长的合理预测。在企业整体目标确定的情况下，要做好各类费用预算等，确定企业维持正常运作的现金持有量，及时做好企业的筹资工作。企业在确定各部门费用预算后，能够在一定程度上合理安排企业各项日常业务，从而在最大程度上管理好企业现金的流出，实现新创企业的持续发展。

5. 降低融资成本

企业融资成本决定了企业融资的效率。对于大多数新创企业而言，选择哪种融资方式具有重大意义。一般情况下，基于融资来源划分融资方式，其融资成本的排列顺序依次为：财政融资、商业融资、内部融资、银行融资、债券融资、股票融资。此外，在选择银行融资时，需要充分注意各大银行间信贷政策的差异，最好选择扶持新创企业最有利、最优惠的银行。

（二）组织管理

1. 目标管理明晰化

目标管理明晰化是指新创企业的战略目标、市场定位、竞争策略等必须由原来的模糊状态逐步向清晰转化。通过目标的明晰化过程，将企业的整体目标逐级分解，转换为各部门、各成员的分目标。从整体目标到经营单位目标，再到部门目标，最后到个人目标，这些目标要方向一致、环环相扣、相互配合，形成协调统一的目标体系。每个成员完成了自己的分目标，整个企业的总目标才有可能完成。

2. 组织结构规范化

新创企业在成立阶段，组织结构往往也比较模糊，并且处于非正式状态，权责也难以明确。在成长阶段，新创企业要将组织结构逐步正式化和规范化，要根据创业阶段组织成员的分工协调情况，重新对工作任务的分工、协调合作进行规划和设计，明确各部门及成员的职能和职权，制订规范的规章制度，从而提高组织成员的工作效率。

3. 制订决策程序化

新创企业在创立阶段，面临的大都是新问题，且由于缺乏相关的决策经验，通常进行的都是例外的及非结构化的决策，往往具有试探性。经过创业阶段的检验，在成长阶段，创业者应该将之前的这些决策进行总结归纳，形成制订科学决策的程序化流程。以后如果企业遇到在创业阶段出现过的问题，则可以按照程序化决策的流程进行解决。

4. 生产运作标准化

创业阶段形成的业务模式实际上也积累了产品或服务生产运作的经验，包括产品设计、生产流程设计等。在成长阶段，创业者应该依据经验将生产运作中的一系列标准制订出来，从而提高企业的生产效率。对于生产型的新创企业来说，生产运作标准化的一个重要体现是机器设备的标准化运用。

5. 知识内容专业化

在创业阶段，对于创业者来说，环境分析、机会识别、资源整合、目标确定、计划制订及创业运营都是创新性活动。在这些创新性活动中，新创企业形成了独特的思考方式、机会识别能力、资源配置方式、核心竞争力等隐性知识及显性知识。在成长阶段，新创企业需要实现知识沉淀、共享、学习、应用和创新的思路方法，并将这些知识转化为企业的核心竞争力，并以此为核心形成企业文化。

以上五个方面的企业管理原则是遵循创新与统一原则的体现，创业者要将其贯穿于新创企业的始终。它具体体现在新创企业的人力资源管理、绩效管理、财务管理、营销管理等方面。

第二章 创新思维与创新力

第一节 创新思维的培养

一、创新思维概述

（一）创新的内涵及主要特征

1. 创新的内涵

创新是以现有的思维模式提出有别于常规思路的见解为导向，利用现有的知识和物质，在特定的环境中，本着理想化需要或者为满足社会需求而改进或创造新的事物、方法、元素、路径、环境，并能获得一定有益效果的行为。具体来说，创新是指人们为了一定的目的，遵循事物发展的规律，对事物的整体或其中的某些部分进行变化，从而使其得以更新与发展的活动。

关于创新的标准，通常有狭义与广义之分。狭义的创新是指提供独创的、前所未有的、具有科学价值和社会意义的产物的活动。例如，科学发现、技术发明、文学艺术创作等。广义的创新是提供新颖的、前所未有的产物的活动。一个人对问题的解决是否属于创新不在于这一问题及其解决方法是否曾有别人提出过，而在于对他本人来说是不是新颖的。

具体来说，创新主要包括四种情况：①从生物学的角度来看，创新是人类生命体内自我更新、自我进化的自然天性。生命体内的新陈代谢是生命的本质属性。生命的缓慢进化就是生命自身创新的结果。②从心理学的角度来看，创新是人类心理特有的天性。探究未知是人类心理的自然属性。反思自我、生命诉求、考问价值是人类客观的主观能动性的反映。③从社会学的角度来看，创新是人类自身存在与发展的客观要求。人类要生存就必须索取需要，人类要发展就必须把思维向前推进。④从人与自然关系的角度来看，创新是人类与自然交互作用的必然结果。

2. 创新的主要特征

创新既是由人、成果、实施、效益四个要素构成的综合过程，也是创新主体为实现某种目的所进行的创造性的活动。它的主要特征包括以下五个方面。

（1）创造性

创新与创造发明密切相关。无论是一项创新的技术、一件创新的产品、一个创新的构思，还是一种创新的组合，都包含有创造发明的内容。创新的创造性主要体现在组织活动的方式、方法以及组织机构、制度与管理方式上。其特点是打破常规、探索规律、敢走新路、勇于探索。其本质属性是敢于进行新的尝试，包括新的设想、新的试验等。

（2）目的性

人类的创新活动是一种有特定目的的生产实践。例如，科学家进行纳米材料的研究，其目的在于发现纳米的奥秘，提高认识纳米材料性能的能力，促进材料工业的发展，提高人类改造自然的能力。

（3）价值性

价值是客观满足主体需求的属性，是主体根据自身需要对客体所做的评价。创新就是运用知识与技术获得更大的效益，创造更高的价值与满足感。创新的目的性使创新活动必然有自己的价值取向。创新活动源于社会实践，又向社会提供新的贡献。创新从根本上说应该是有价值的。创新活动的成果满足主体需要的程度越大，其价值就越大。

（4）新颖性

对于新颖性，简单理解就是"前所未有"。创新的产品或思想无一例外是新的环境条件下出现的新的成果，是人们以往没有经历过、没有得到和使用过的东西。

当然，用新颖性来判断劳动成果是否是创新成果时又有两种情况。一是指主体能生产出前所未有的成果的特点。历史上的原创性成果大多属于这一类，这是真正高手水平的创新。二是指创新主体能产生出相对于其他创新主体来说具有新思想特点的成果。例如，相对于个人来说，只要他产生的设想和成果是前所未有的，是自己独立思考或研究成功的成果，就算是相对新颖的创新。二者没有明显的界限。

（5）风险性

由于人们受所掌握的信息的制约和对有关客观规律不完全了解，人们不可能完全准确地预测未来，也不可能随心所欲地左右未来客观环境的变化和发展趋势，这就使任何一项创新都具有很大的风险性。

（二）创新的原理

在创新活动中，创新的原理是运用创造性思维分析问题和解决问题的基础，也是人们使用各种创造方法、采用各种创造手段的依据。因此，掌握创新的原理是人们能否取得创新成果的先决条件。但不能指望在涉及创新原理之后，就能对创新方法了如指掌并运用自如，就能解决创新的任何问题。只有在深入学习并深刻理解创新原理的基础上，人们才有可能有效地掌握创新的方法，才有可能成功地开展创新活动。

1. 综合原理

综合就是把事物的不同方面联系或组合在一起。首先，需要对事物进行分析，并按类别、层次、因素、成分等进行分别研究，包括优缺点、经济性、可靠性、社会性、先进性等；其次，按照客观指标进行可行性的综合分析。例如，近年来以计算机为中心的多媒体本身的发展即是一个综合过程，而综合后的产品常表现为体制上的创新，它更注重宏观主体的发展。

2. 组合原理

组合原理是将两种或两种以上的学说、技术、产品信息进行适当组合，用以形成新学说、新技术、新产品的创新原理。组合既可以是自然组合，也可以是人为组合。在自然界和人类社会中，组合现象是非常普遍的。

3. 分离原理

分离原理是把某一创新对象进行科学的分解和离散，使主要问题从复杂现象中暴露出来，从而厘清创造者的思路，便于抓住主要矛盾。分离原理在创新过程中，提倡将研究对象予以分离，创造出全新的概念和全新的产品。如隐形眼镜就是将眼镜架和镜片分离后的新产品。

4. 还原原理

还原原理要求我们要善于透过现象看本质。在创新过程中，人们能回到设计对象的起点，抓住问题的原点，将最主要的功能抽取出来并集中精力研究其实现的手段和方法，以取得创新的最佳成果。任何发明都有其创新的原点。创新的原点是唯一的，寻根溯源找到创新原点，再从创新原点出发寻找解决问题的各种途径，用新的思想、新的技术、新的方法重新创造该事物，从源头上去解决问题，这就是还原原理的精髓所在。

5. 移植原理

移植原理是把一个研究对象的概念、原理和方法运用于另一个研究对象并取得创新成果的创新原理。移植原理的实质是借用已有的创新成果进行创新目标的再创造。

创新活动中的移植根据侧重点不同，可以是沿着不同物质层次的"纵向移植"，也可以是在同一物质层次内不同形态间的"横向移植"，还可以是把多种物质层次的概念、原理和方法综合引入同一创新领域中的"综合移植"。新的科学创新和新的技术发明层出不穷，其中有许多创新成果是运用移植原理取得的。

6. 换元原理

换元原理是指创新者在创新过程中采用替换或代换的思想或方法，使创新活动内容不断展开、研究不断深入的原理。它通常指在发明创新过程中，创新者可以有目的、有意义地去寻找替代物，如果能找到性能更好、价格更廉的替代品，这本身就是一种创新。

7. 迂回原理

在很多情况下，创新者会遇到许多暂时无法解决的问题。迂回原理鼓励人们开动脑筋、另辟蹊径。不妨将处在某个难点上的僵持状态暂停，转而进入下一步行动或开始新的计划，带着创新活动中的这个未知数继续探索创新问题。因为有时通过解决侧面问题或外围问题以及后继问题，可能会使原来的未知问题迎刃而解。

8. 群体原理

大学生创新小组就是群体原理的一种现实运用。科学的发展使创新越来越需要发挥群体智慧，才能有所建树。早期的创新多是依靠个人智慧和知识来完成的，但随着科学技术的进步，要想去完成像宇宙飞船、空间试验室和海底实验室等大型高科技项目的开发设计工作是不可能的。这就需要创造者们能够摆脱狭窄的专业知识范围的束缚，依靠群体智慧的力量，依靠科学技术的交叉渗透，使创新活动从个体劳动的模式中解放出来，焕发出更大的活力。

（三）创新的意义

创新是进步的灵魂，是国家兴亡发达的不竭动力。但是创新的关键在人才，而人才的成长靠教育。创新人才的培养亟须创新教育。创新教育是以培养人的创新精神、创新意识、创新思维和创新能力为基本价值取向。创新教育强调要培养大学生主动探求知识，调动大学生自主学习的积极性、主动性与创造性。创新教育也要求在教学过程中发现、发掘和强化大学生的创造潜力，启发大学生的创新性思维，培养大学生的创新精神。实施创新教育必须深化教育教学，大力加强对高等教育规律的探索与实践，改变教育观念、更新教育理念、改进教学内容和教学方法，以营造创新校园。

总之，如果一个国家没有大批创新人才，没能发挥创新能力，又没能将科技成果及时转化为生产力，是很难拥有强大的国际竞争力的。

二、创新思维概述

创新思维是在已有的知识与经验的基础上进行想象，加以构思，以新的方式解决前人未解决的问题。培养大学生的创新思维对大学生早成才、快成才、多成长有着深远的意义。

（一）创新思维的含义及特征

1. 创新思维的含义

创新思维是相对于常规思维而言的。它是指以新颖的、独特的方式来解决问题的思考过程。它不仅能够揭示客观事物的本质及其内在联系，而且能够在此基础上产生新颖的、前所未有的思维成果，即创造出新事物、新产品、新理论以及发现新规律等。

与直接和具体反映客观事物的感觉和知觉不同，作为人类认识的最高形式的思维，创新思维是对客观事物的见解和概括的反映。心理学界目前对创新思维的理解有广义和狭义之分，一般认为人们在提出问题和解决问题的过程中，一切有关创新成果及作用的思维活动均可被视为广义的创新思维。狭义的创新思维是指在发明创新中直接产生创新方式的思维活动形式。

简言之，凡是突破传统思维习惯，以超常规甚至反常规的方法、视角去思考问题，以新颖独特的方法解决问题的思维过程都可以被称为创新思维。这种独特的思维常使人产生独到的见解和作出大胆的决策，进而获得意想不到的创新效果。

2. 创新思维的特征

创新思维的特征是指个体在创新思维活动中智力特征上的差异。它主要包括以下六个方面。

（1）独特性

思维的独特性又被称为新颖性、求异性。它是指与别人看到同样的东西时却能想出不同的事物。创新思维活动是独特的思维过程。它打破传统和习惯，解放思想，勇于创新。在创新思维过程中，一个人的思维极其活跃，他能从与众不同的新角度提出问题，探索、开拓别人不了解或者完全不认识的新领域，以独到的见解分析问题，用新的途径、方法解决问题，善于提出新的观点，善于想象出新的形象，在思维过程中能独辟蹊径。可以说，思维的独特性是创新思维的本质特征与重要标志。

（2）批判性

创新思维的批判性可以被称之为反思性。创新思维必以怀疑乃至否定为前提，没有怀疑就不会有对传统思维模式和传统思想或理论的反思与批判。只有通过对传统思维模式的反思和批判，不断地反思前人设定的界限，才能突破旧有认识和现有的认识范围，才能有所创新，才能开拓出新的认知领域。所以创新思维作为创新意识，首先就是一种反思意识或批判意识，甚至是一种怀疑与否定的意识；而作为一种以创新为取向的思维活动，它是又一种反思性的、批判性的思维活动。因此，创新思维的前提就是批判、反思旧的东西，用怀疑的眼光去审视前人的成果。可见，创新思维是一个在肯定中否定，在否定中开拓前进的发展过程，它必然以批判性为前提特征。

（3）流畅性

创新思维的流畅性是思维对外界刺激做出反应的能力，它是以观点数量来衡量的。它要求思维活动畅通无阻、灵敏迅速，能在短时间内表达更多的概念。在短时间内产生的观念越多，思维流动性就越大；反之，思维就缺乏流畅性。

（4）变通性

创新思维的变通性是指摒弃以往的习惯性思维方法，开创不同思维方式的能力。

心理学的研究表明，富有创造力的人的思维比一般人的思维出现的想法散布得方面广、范围大，而缺乏创造力的人的思维通常只想到一个方面而缺乏灵活性。创新思维在结构上的变通性，对于探索未知、创造技术都是不可或缺的，只有多方法、多渠道、高效益、多反馈地进行多方探索，反复试验，才能提高创新成功的概率。

（5）多向性

创新者不受传统的单一思想概念限制，他们思路开阔，能从全方位提出问题，能提出较多的设想和答案，选择面广。他们的思路若受阻或遇到难题，他们能灵活变换某种因素，从新角度去思考，善于巧妙地转变思维方向，产生适合时宜的新办法。

（6）跨越性

创新思维的思考过程带有很大的跨越性，其思维跨度较大，具有明显的跳跃性和直觉性。创新思维是为了跨越传统思维，这种跨越是一种对传统思维的反思，而非简单否定和彻底拒绝。创新思维的跨越性表现在创新思维必须为认识提供新的视角、新的立足点，即必须为理论思维提供新的具有跨越性的思考方式。

（二）创新思维的类型

创新思维的类型归纳起来主要有以下五种。

1. 多向思维

多向思维就是沿着不同的方向、不同的角度思考问题，从多方面寻找解决问题答案的思维方式，因此又被称作发散思维、多维思维或辐射性思维。心理学家在"智力结构的三维模式"中，便明确地提出了发散性思维，即多向思维。多向思维是从给定的信息中产生新的信息，其着重点是从同一的来源中产生各种各样的为数众多的信息输出。

2. 逆向思维

逆向思维就是将原有结论或思维方式予以否定，运用新的思考方式进行探究，从而获得新的认识的思维方式。哲学研究表明，任何事物都包括对立的两个方面，这两个方面又相互依存于一个统一体中。人们在认识事物的过程中，实际上是同时与其正反两个方面打交道，只不过由于在日常生活中人们往往养成一种习惯性的思维方式，即只看到其中的一方面，而忽视了另一方面。如果逆转一下正常的思路，从反面想问题，便能得出一些创新性的设想。

逆向思维具有普遍性和新颖性两个特点。

（1）普遍性

逆向思维在各种领域、各种活动中都有适用性。由于对立统一规律是普遍适用的，而对立统一的形式又是多种多样的，所以逆向思维也有多种形式。例如，性质上对立两极的转换，即软与硬、高与低等；过程上的逆转，即气态变液态或液态变气态、电转为磁或磁转为电等；结构、位置上的互换、颠倒，即上与下、左与右等。不论哪种方式，只要从一方面想到与之对立的另一方面，都是逆向思维的普遍性表现。逆向思维是对传统、惯例、常识的反叛，它能够克服思维定式，破除由经验和习惯造成的僵化的思维模式。

（2）新颖性

按照平常思维和传统方式解决问题虽然简单，但容易使思路僵化、刻板，摆脱不掉习惯的束缚，得到的往往是一些司空见惯的答案。其实，任何事物都具有多方面属性。由于受传统经验的影响，人们容易看到熟悉的一面，而对另一面却视而不见。逆向思维能克服这一障碍，往往能给人耳目一新的感觉。

3. 侧向思维

侧向思维就是从一类现象转移到另一类内容与之相距甚远的现象，并对其进行思考的一种思维方式。这种思维方式不受消极的心理定式所束缚，能从其他领域的事物中汲取灵感，从而产生新思想，即"触类旁通"。当我们在一定的条件下解决不了问题或虽能解决但只是用习以为常的方案时，可以用侧向思维来完成创新性的突破。其具体运用方式有侧向移入、侧向转换、侧向移出三种。

（1）侧向移入

这是指摆脱习惯性思维，将注意力引向更广阔的领域或者将其他领域已成熟的、较好的技术方法、原理等直接移植过来加以利用，或者从其他领域事物的特征、属性中得到启发，引发对原来思考问题的创新设想。大量的事例表明，从其他领域借鉴或受启发是创新活动的一条捷径。

（2）侧向转换

这是指不按最初设想或常规直接解决问题，而是将问题转化成为它的侧面的其他问题，或将解决问题的手段转为侧面的其他手段等。这种思维方式在创新活动中常常被使用，如在网络热潮中兴起了一批网络企业，但最终主要盈利的是设备提供商。

（3）侧向移出

与侧向移入相反，侧向移出是指将现有的设想、已取得的发明、已有的技术和产品从现有的使用领域或使用对象中摆脱出来，将其外推到其他意想不到的领域或对象上。这也是一种跳出本领域，克服线性思维的思考方式，如将工程中的定位理论用在营销中。

总之，不论是利用侧向转换还是侧向移出，关键在于要善于观察，特别是留心那些表面上似乎与思考问题无关的事物与现象。这就需要在注意研究对象的同时，要间接注意其他一些偶然看到的事物与现象。

4. 联想思维

联想思维就是将所观察到的某种现象与自己所要研究的对象加以联想思考，从而获得新知识的思维活动。联想思维在科技创新中有重要作用。例如，研究者从变色龙能够适应环境色彩变化改变身体颜色的特性中得到启示，研发出了伪装服。

（1）相似联想

这是指由事物或现象的刺激引起的，对与它在外形、颜色、声音、结构、功能和原理等方面有相似之处的其他事物和现象进行联想。世界上纷繁复杂的事物之间是存在密切联系的，这些联系不仅仅是时间和空间上的联系，还有很大一部分是属性的联系。随着社会实践的深入，人们对事物之间的相似性认识越来越多，这极大地扩展了科学技术的探索领域，解决了大量过去无法解决的复杂问题。利用相似联想，首先要在头脑中储存大量事物的"相似块"，然后在相似事物之间完成启发、模仿和借鉴。由于相似关系可以把两个表面上看似相差甚远的事物联系在一起，普通人一般不容易察觉，所以相似联想易于激发创新性较高的设想。

（2）相反联想

这是指两种事物在性质、特点上相反所引起的联想，如由黑暗想到光明、由放大想到缩小等。相反联想与相似联想不同。相似联想往往只看到事物相同的一面，而不易看到正相对立的一面，所以相反联想弥补了前者的缺陷，使人的联想更加丰富。同时，由于人们往往习惯于看到正面而忽略反面，因而相反的联想又使人的联想更加丰富，更加富于创新性。

5. 直觉思维

在日常生活、科学研究和文艺创作等社会实践中，直觉的表现无处不在。例如，有经验的医生可以凭他的直觉，一下子识别某个病人所患的疾病；有经验的工人可以凭他的直觉，很快发现机器的故障，并给予排除；音乐家可以凭他的直觉，判断某个年轻人是否有音乐才能。总之，直觉的表现很多，诸如有感知直觉、判断直觉、想象直觉、创作直觉等。直觉思维的特征表现为直观性、预见性、或然性。

（1）直观性

直观性是通过观察从整体上把握对象。没有直观对象，是难以产生直觉的。因此，直觉思维不严格遵循逻辑规则，它是对对象的直接判断与猜测，其结论不是严密推理的结果。所以，直觉思维者在他已有的知识和实践经验的基础上，一眼就能看出问题的关键时，他还无法论证自己看法的正确性，还需要用有关的理论、实践和相关事物或资料，论证其判断或猜测的正确性。

（2）预见性

凭借卓越的直觉能力，科学家能够在纷繁复杂的事实材料面前，敏锐地觉察某一类现象和思想具有的重大意义，预见到将来在这方面所要产生的创造和发明。这是一种决定科学研究发展的预见性直觉能力。

（3）或然性

或然性是直觉思维对要研究的问题而设想的结论，既不必然真，也不必然假。因为直觉思维往往是凭借个人掌握的知识和以往的经验，直接进行判断和猜测的。它没有经过严格的逻辑程序，是一种敏捷的观察力、迅速的判断力。它需要人们先对问题做出试探性的回答，然后运用一定的思维方式再加以证明。许多科学家和发明家都论及过直觉思维的或然性。他们认为，直觉思维的基础和前提是必须具备一定的相关知识和经验。事实上，任何直觉的产生都是创造者综合运用相关知识和经验的结果。

（三）创新思维的重要性

创新思维是人类的主要活动方式和内容，其重要性表现如下。

首先，创新思维可以不断增加人类知识的总量，不断推进人类认知的发展水平。创新思维因其对象的潜在特征，不断扩大着人们的认知范围，不断把未被认识的东西变为可以认识和已经认识的东西。科学上每一次的发现和创造都增加着人类的知识总量，为人类不断创造着进步条件。

其次，创新思维可以不断提高人类的认识能力。创新思维的特征已表明，创新思维是一种高超的艺术。创新思维活动及过程中内在的东西是无法模仿的。这些内在的东西即创新思维能力，这种能力的获得依赖于人们对历史和现状的深刻了解，依赖于敏锐的观察能力和分析问题的能力，依赖于平时知识的积累和知识面的拓展。而每一次创新思维过程就是一次锻炼思维能力的过程，因为要获得对未知世界的认识，人们就要不断地探索前人没有用过的思维方法、从不同的角度去进行思考，还要寻求没有先例的办法和途径去正确并有效地观察问题、分析问题和解决问题，从而极大地提高人类认识未知事物的能力，所以，认识能力的提高离不开创新思维。

最后，创新思维可以为实践开辟新的局面。创新思维的独创性与风险性特征培养了人们敢于探索和创新的精神。在这种精神的支配下，人们不满于现状，不满于已有的知识和经验，总是力图探索客观世界中还未知的本质和规律，并以此为指导，进行开拓性的实践，开辟出人类实践活动的新领域。若没有创新性的思维，那么人类的实践活动只能停留在原有水平，实践活动的领域也非常狭小。

三、培养创新思维的途径及方法

创新是人脑的机能，因此人人都有创新的禀赋。"人的潜力"或"人的潜在的天赋能力"是很大的。要把"人的潜力"开发为人的创新能力，科学的思维方法具有巨大作用。因此，培养创新思维极其重要，没有创新思维，就谈不上创新。人们的创新思维一旦形成，就会成为其自觉创新的力量源泉。

（一）积累丰富知识

知识是创新的基础。尤其在知识经济时代，知识就是财富。成功与财富永远属于掌握知识、勇于创新的人。人类文明所积累的知识是由诸多知识体系组成的，各种知识体系之间纵横交错，形成一种复杂结构。

随着人们对自然、社会和自身认识的日益深入，这种知识结构日益呈现出整体化、加速化趋势。由于时间有限，创新主体不可能学会天下所有的知识，只能学好一般知识体系内的一个主体系或亚体系。因此，创新主体在进行知识积累的过程中，要根据主观和客观条件，建立合理的知识结构，即要有主导专业和辅助专业。主导专业决定着知识结构的性质与功能；辅助专业对主导专业具有扶持、支撑的作用。不仅如此，创新主体的知识面还应当尽可能广博，尽量做到兼收并蓄，这样，才能使创新主体的思维处于一种比较理想的状态，也才能够专注地进行创新思考。

（二）坚持独立思考

质疑是创新的前提，批判是创新的开始。由于人们认识的局限性，在创新过程中总不免会犯这样那样的错误。而批判和怀疑的关键在于独立思考，它是突破创新障碍、提高创新能力的基本途径。

识别创新主体能否独立思考最简便有效的方法就是创新主体要注意随时记录自己想表达的想法。这些想法主要是为了让他人满意或能给他人留下印象。然后，再记录自己没有表述的想法。这些想法主要是担心他人可能会不理解或不同意。过一段时间，创新主体就能够识别出自己的思维模式是"以内心为导向"还是"以他人为导向"。如果创新主体的思维模式是"以他人为导向"，说明创新主体不能独立思考；反之则说明创新主体能够独立思考。

（三）冲破习惯束缚

思想僵化和呆板的人通常不具有创新思维。虽然在各项活动中要遵循一定的规则，但也应该看到有些规则、惯例是不适应时代发展的，如果一味地按部就班，那么就不可能有所创新。其实"出格"就是突破了传统的规则，就是不按照常规办事，走出了新的路子。当然"出格"并非都是创新，但创新首先必须"出格"。所以，不许"出格"的观念是不利于激发人们的创新意识的。

创新主体只有走出固定的概念世界，打破思维定式，才会有"惊奇"的发现。如果这个惊奇的发现以及由惊奇发现产生的问题反作用于创新主体的思维，那么便会使创新主体产生内在的创新渴望，并进而转化为创新行动。

（四）提高联想能力

联想能力是创新的驱动力。创新主体的联想能力越强，就越能把自己有限的知识和经验充分调动起来并加以利用，越能把与某种事物相关联的众多事物联系思考，越能获得别人得不到的想法，进入别人难以进入的领域。

然而，在创新实践中，由于受到过分"实际"或"务实"的影响，人们的联想能力常常会在不知不觉中退化。这就要求人们必须不断提高联想能力，要大胆地去设想，大胆地去理解，尽管有时他们的想法可能不切实际，但是，在人们大胆的设想中，总会有创新的观点产生，或许有惊人的发现。而提高人们联想能力的方法，首先是增加知识和经验，知识贫乏、经验不足，难以具有丰富的联想能力；其次是采用合理的联想方法，避免杂乱无章、支离破碎的胡思乱想；最后是养成观察事物的良好习惯，善于发现事物与事物之间的联系。尤其重要的是，对事物进行观察时，不仅要觉察其自身的特性，更要注意这一事物与其他事物之间的相互联系；不但要注意同时同地事物之间的联系，也要注意当前事物与以往事物之间的联系，还要注意所遇到的事物与自己的经验和知识的联系。

（五）把握直觉和灵感

直觉和灵感是以人们对解决任务的方法的不断探索为前提的，是人们长期孜孜以求的结果。直觉和灵感的本质在于人们能够超过有意识的思考层次而直接得出结论，因为人们大脑的深层活动能够觉察到令人信服的模式或有说服力的见识，最终使人们学会发现并信任自己敏锐的直觉和灵感，并把它们与无根据的预感区分开来。

人们把握直觉和灵感有赖于自身知识和经验的积累及智力水平的提高，有赖于拥有良好的精神状态与和谐的外部环境。其具体方法包括：一是要自觉地拓宽知识面，尽量多掌握有效信息。信息越是及时、强烈、异常，就越能产生新的思维结构。二是要做有心人，随时记录思想火花，并进行深入思考。三是对思考要深入解剖，达到熟能生巧，以激活潜意识。四是一旦直觉和灵感到来，要采取积极的心态，鼓励它们自由发展，对它们进行认识的完善和验证。只有这样，人们才能不断地激发出内在的创新冲动，进而不断激发自身敏锐的直觉和灵感。

第二节　创新力的开发及培养

在知识经济时代，一个国家的竞争力的强弱取决于其创新能力的高低，特别是原创能力的高低。为了提高国家竞争力，必须培养全体民众的创新意识，不断提高民众的创新能力。大学生是未来社会发展的中坚力量，因此，培养大学生的创新能力尤为重要。

一、创新力的内涵及特征

（一）创新力的内涵

1. 创新力的来源

对于创新力的来源有多种学说观点，解释也不同，主要有以下三种。

（1）个性说

这种观点认为，创新力是人的自然属性，是与生俱来的品质。人类拥有各种各样的天赋和能力，只是不同的人在特征上有所差异。许多东西都可以掌握，然而作为一种常理状态，或许开展创新性活动的能力就难以掌握了，因为它属于人的个性心理特征。天才似乎天生具有创新思维的能力，而其他人却没有。但是，通过训练，人的创新力是可以改善的。我们要做的是消除存在于人们心理的创新力障碍。

（2）偶然说

持这种观点的人认为创新力的出现纯属偶然。有研究者以各种偶然发现为依据，借以说明偶然说的基本主张。免疫系统的发现起因是工作的暂时中断，放射性现象的发现来源于错误的假设等实例都是偶然说的佐证。

（3）联结说

这是最为流行的有关创新力来源的学说。按照这种观点，把一个领域的知识运用到另一个领域，就可能带来新颖的联结。这样的联结有可能成为创新力发挥的基础。

2. 创新力的内涵

创新力是人的思维能力的最高形式。具体来说，它是指人在顺利完成以原有知识、经验为基础的创建新事物的活动过程中表现出来的各种能力的总和。它包括敏锐的观察能力、深邃的洞察能力、统揽全局的把控能力和面向未来的开拓创新能力等。

在优胜劣汰、竞争空前激烈的现代社会，创新力是制约个人、企业、社会生存和发展诸因素中的核心因素。创新力决定竞争力，创新力决定创业成败。没有创新力或创新力低下，是无法完成发明创新并取得成果的。

（二）创新力的特征

创新力又被称为创新能力。创新能力是人们从新创造新事物的能力，包括发现问题、分析问题、发现矛盾、提出假设、论证假设、解决问题以及在解决问题过程中进一步发现新问题从而不断推动事物发展变化。

创新能力的特征主要包括：①综合性，它要把人的认识能力、分析能力、判断能力等集中起来，充分加以运用；②独创性，它要凭借人们的想象构造出前所未有的形象，打破以前的框架；③探究性，每一步独创，每一种想象，都存在失败的可能，因此，持续探究是人的主观能动作用的表现，是创新能够实现的前提。

大学生创新能力，除了具有综合性、独创性和探究性等普遍特征外，还具有三方面特征。

1. 开发性

大学生的创新能力不同于一般的创新能力，它除了依靠大学生自身的努力外，在很大程度上还与教师的努力密不可分。教师的有效指导是大学生创新能力得以开发的重要条件。教师自身的学术素养、教育方法、教育观念和教学态度等对大学生创新能力的提高有着至关重要的作用。当然，大学生自身的主观能动性对其创新能力的提高也有很大的影响。大学生作为被培养的对象，其自身的创新意愿、原有的知识结构等因素都会影响到创新能力的提高。

2. 新颖性

大学生创新能力的新颖性指的是大学生在已有研究的基础上，提出新方法和新观点。这种新颖性需要大学生既要有扎实的专业基础理论和综合知识素养，又要在尊重科学的基础上，充分发挥自身的主动性和能动性，从而能够进行创造性的科学研究。为了取得具有独创性的科研成果，这往往需要一些条件，如学校要为大学生的成长提供创新条件。这些条件包括良好的科研氛围、丰富的图书资料等。

3. 价值性

大学生创新能力的价值性是指大学生通过创新而获得的新方法、新观点要能带来一定的价值、产生一定的效益。这种价值包括两个方面：一方面是社会价值，这是大学生创新能力发挥的根本价值，也是大学生创新能力价值的社会认可。具有创新能力的大学生在毕业后，进入社会各个领域，对社会经济和文化发展都会产生重要的作用。另一方面是个人价值，这是大学生个体创新所体现的价值。总之，对大学生来说，创新能力提高的过程既是一个学习的过程，也是一个研究的过程。

二、创新力开发的理论依据与方法

（一）创新力开发的理论依据

创新力是每个正常人都具有的自然属性与内在潜能。普通人和天才之间并无不可逾越的鸿沟。与传统的看法不同，不少心理学家根据调查研究得知，创新力在人群中呈正态分布，创新力很强和很差的人均属少数，大多数人都具有中等程度的创新力。大量研究表明，创新力和智力是两种不同的心理品质，智商低的人其创新力也同样低，但是智商高的人其创新力则有高有低。因此，开发智力不能完全替代创新力的开发。

创新力虽说不是靠教育得到的，但是通过合适的环境和教育是可以提高的。对于创新力的高低，先天因素一般只决定了一半，后天的教育和环境的熏陶有时会更重要。例如，与传统的教学方法相比，创新性教学能够取得更好的教学效果；即使教学内容相同，创新性学习也能明显提高学习效果。创新性学习还容易调动学生的积极性与自主性。研究表明，具有创新的意识和精神是开展创新活动的主要动力。

（二）创新力开发的方法

高校开发当代大学生的创新力应主要从以下三方面入手。

1．实施创新教育

实践证明，实施创新教育是开发创新力最根本、最有效的一种途径。与传统教育相比，实施创新教育有很大难度，它要求有与其配套的教学系统，如需要有创新性的教师、创新性的教材、创新性的教学方法和管理方法、创新性的评价标准和考核方式等。创新教育是以提高学生创新力为重要目标的一种教育，因而它对于创新力的开发必然有着特殊的意义。

2．训练创新思维

从某种意义上讲，创新力的核心是创新性思维。一个不善于进行创新思考的人是很难发挥自己的创新力的。另外，创新性思维是可以通过训练而得到提高的，因而，大学生的创新力也是可以通过训练而被开发出来的。

大学生应该多去学习培养创新思维的方法。例如：拓宽问题、常打问号、快速联想、延长努力、列举属性、形成联系、尝试灵感等。大学生应该尽可能地扩大自己的知识面，使自己具有丰富的知识基础，为日后直觉和灵感的创新构建深厚的知识背景。直觉和灵感乍看起来是发生在瞬息之间的事，实际上它们来自于平时对问题的勤奋思考。灵感总是要在人们对某一问题经过一段苦思冥想之后，才有可能在某种因素的作用下被诱发出来，进而使问题得到解决。所以，多思甚至沉思是灵感产生的一个必要条件。作为学生，要养成这种勤于思考的好习惯。同时还要善于思考以及注意思考的技巧和灵活性。如果学生的思维流畅、灵活而快速，遇到问题便会迅速地做出反应和判断。

3．培养创新素质

大学生要想更有效地开发创新力，就应该注意培养与创新相关的个性素质，如坚毅和刚强、乐观和幽默、勇敢和献身等。现代心理学研究表明，人人都有创新力，都有创新的可能性，只是在程度上有所不同而已。同时，心理学的研究还表明，人们的创新力是可以通过教育、训练、实践而提高的，对于大学生来说，尤其是这样。总之，大学生通过训练可以在创新方面达到很高的水平。

三、创新型人才培养

当代需要创新型人才。而创新型人才的培养是高等教育始终关心的问题，也是当代教育面临的重要任务。当代大学生作为未来社会发展的中坚力量，对其进行创新能力的激发与培养尤为重要。因此，对大学生创新型人才的培养，应该从基础教育抓起，学校应负担起培养具有创新品质的高素质人才的责任。

（一）创新型人才的含义及重要性

1. 创新型人才的含义

创新型人才就是具有创新精神和创新能力的人才。他们通常表现出灵活、开放的个性，具有精力充沛、坚持不懈、注意力集中以及富有冒险精神等特征。创新型人才需要具备人格、智能和身心三方面基本要素，同时，具有为真理献身的精神和良好的思想道德。他们是优秀文化遗产的继承者、最新科学成果的创造者和传播者、未来科学家的培养者。

2. 培养创新型人才的重要性

从时代角度来说，培养当代大学生的创新能力是时代发展的需要。知识经济的到来是生产力和生产方式的战略性变化，而作为知识载体的人才以及人才的创新能力则成为推动知识经济发展和决定未来竞争成败的关键所在。另外，知识经济社会的不稳定性、不可测性、跳跃性和复杂性等特点要求人们不仅要适应原有的生活规律，更需要改造和创造新的生活条件以不断完善自我，还需要强调创新精神、创新观念和创新行为。因此，大学生只有培养创新意识，进行创造性学习，才有可能在知识经济的浪潮中立足。

从个体角度来说，创新力的激发与培养同时也是人自身全面发展的需要。创新力是生命力和人类本质的最高表现，它符合个体全面发展的需要，是人性和谐发展的必不可少的组成部分。然而这种潜能的实现必然需要教育来支持。

（二）创新型人才的培养

大学生是高校为社会培养的高级专门人才。为了适应面向现代化、面向世界、面向未来的时代要求，大学生应自觉地培养和提高自己的创新力，使自己成为一名合格的大学生，为促进社会发展做出应有的贡献。创新型人才的培养可以从以下四个方面着手。

1. 营造环境

高校要注重创新型人才的培养，真正树立人才资源是第一资源和最重要资源的理念，要深化教育教学创新，实施创新教育，更需要为创新型人才的成长创造良好的学习环境。

（1）校园文化的影响

校园文化通常以巨大的无形力量浸润着学生。学校有什么传统、什么学风，校园文化是什么格调、什么品味，学生就会深受什么样的影响，而且这种影响是极其深远的。为了营造创新教育的校园环境，学校管理要变封闭型为开放型，要创建健康有序、宽松和谐、激励奖赏的育人环境。例如，积极开辟第二课堂，成立学生社团和科技兴趣小组，强化技能训练，广泛开展科技与技能竞赛活动，鼓励创新精神，培养创新意识，锻炼创新能力。

（2）教师的影响

在学校中，教师对学生的影响是最大、最直接、最深远的。要培养一批有创新能力的学生，首先要有具有创新精神和创新能力的师资队伍。教师在"传道、授业、解惑"的过程中不断地熏陶、感化、影响着学生。而创新教育又特别强调为学生营造一种宽松的氛围，鼓励学生质疑、提问、标新立异，提倡学术面前无权威，真理面前人人平等。这就要求教师既要以严谨的教学态度传授知识，培养学生举一反三的思维能力，又要在学术研究和科技活动中勇于创新，为学生做表率，更要注意在教学和科研活动中建立民主、平等的师生关系，正确地鼓励学生创新。

（3）教学计划的影响

为了培养学生的创新能力，必须在教学计划的制订中突出创新教育，要把培养学生具有不断追求科学知识、实事求是、独立思考、勇于创新的科学精神作为学校培养目标的一项重要内容；要对学生应达到的创新能力有明确的要求；要建立有利于培养学生创新能力的课程体系。但是，有了自我支配的时间和空间只是为发展大学生健全个性提供了前提条件，并不能自发培养其创新能力，这就要求学校要精心组织教学，提供科学指导，创造各种创新实践基地，提供创新实践条件，使不同的学生都能获得发挥创新能力的机会。此外，要增加学生学习的自主性，使学生能够根据自己的条件及个性特点，适当调整学习内容和学习方法，在创新训练中逐渐形成创新人格。

2. 培养创新人格

高校必须在健康人格培养的基础上，注重对大学生创新人格的培养。首先，兴趣和好奇心是大学生力求认识自然界、社会和自身，渴望获得科学知识和不断探求真理的意向活动。在他们参与科学探究、技术创新活动的动机中，最现实的动力之一就是兴趣和好奇心。因此，教师在组织教学，学校各部门在组织课外活动时，要抓住他们的好奇心，启发其求知欲，激发他们探索创新的兴趣。其次，要注重培养大学生实事求是、敢于质疑、敢于探索和创新的科学精神，这是他们持续参与创新活动并最终成长为创新型人才的重要保障。

3. 培养心理素质

心理学的研究表明，良好的心理素质是创新能力发展的基础。因此，在学校教育中，有意识地提高学生的心理素质，会对学生创新能力的发展起到独特且重要的作用。具体应做到以下三点。

首先，注意培养和强化学生耐受挫折的心理品质。现在的许多学生都是在顺境中长大的，普遍缺少吃苦耐劳的精神，耐挫折的心理素质薄弱。而在创新活动中，他们难免会遇到各种各样的困难和挫折。创新活动就是一个不断克服困难和障碍的过程，如果不注意对学生进行挫折教育，学生遇到困难和挫折就会垂头丧气，不敢迎着困难前进，缺少战胜困难的信心和勇气，经受不住失败的考验，这样是无法进行创新活动的，更谈不上创新能力的培养。因此，在教育过程中，教师应适当地对学生进行抗挫折教育，让学生体会失败的痛苦，了解探索的艰辛，从而提高他们的心理承受能力。

其次，培养学生良好的人际适应能力和团结协作精神。创新活动需要广泛的合作与交流，需要相互启发、相互激励、相互支持、相互帮助，需要发挥集体的智慧，集思广益，博采众长。创新能力强的人也一定要同时具备与他人合作共事的良好素质和能力。因此，要培养学生的创新能力，就要帮助他们形成良好的人际适应能力，帮助他们掌握与他人同心协力解决问题的方法和技巧，培养他们的团结协作精神。

最后，培养学生良好的情绪和情感。心理学研究表明，良好的情绪和情感不仅可以促进生理的健康，而且也可以促进心理的健康发展。具有良好情绪和情感的人对生活充满热爱，对自己充满信心，其好奇心和求知欲强烈，思想活跃、爱好广泛、行为积极、富于想象。不良的情绪和情感则不但危害身体健康，还会影响神经系统功能，破坏大脑皮层的兴奋与抑制的平衡，使人的认识范围变窄，分析判断能力减弱，思路受到阻塞，创新性想象受到抑制，从而导致创新能力下降。因此，在高校教育中，教师应注意培养学生良好的情绪和情感。

4. 激发创新精神

一个人要想从事创新活动，首先要具有创新精神。创新精神体现在强烈的创新动机以及对事物的批判、创新精神上。

首先，大学生应提高对自己创新力的期望值，想象自己有创新力，并能够通过这种创新力实现自己的远大理想。现代心理学研究认为，每个人在某种强度上都具有创新的禀赋，但是，只有心理正常的人才会把创新潜力付诸实践。这里所说的"心理正常"的人，首先是相信自己是"有创新精神、有创新意识"的人。创新能力的前提是具有良好的创新意识，其核心前提就是自信，即相信自己有创新能力。大学生有着较高的知识文化水平，更应当相信自己有创新能力。大学生还应树立崇高的人生目标，对高成就进行不懈的追求。因为仅仅有自信心而没有很强的进取心和创新欲，创新活动也不可能进行，遇到困难还容易退缩，创新力难以得到提高。所以，大学生要勤奋好学，有明确的奋斗目标，努力培养自己的才能，只有这样才能保证创新动机在巨大的激励下得以实现。

其次，大学生要善于发现创新的实际需要。研究表明，引起某一创新冲动的关键是认识需要。一般来说，人的需要可大体分为物质需要和精神需要。但是"需要"有时并不明显地被呈现在人们面前，而要通过一系列实践活动才能发现它。当人们一旦把"需要"转化为个体想要解决的问题时，就产生了某种创新行为的动机。因此，大学生要善于发现创新的实际需要，即在平时，要学会关心他人，关注社会，积极参加社会实践，从社会生活的实际需要中激发自己发明创新的动机。

最后，培养大学生的创新精神除了激发动机以外，还应注意培养他们的批判精神。任何创新力总是在解决问题的过程中表现出来、发展起来的，而要解决问题，首先要发现问题、提出问题。要想发现问题、提出问题，就必须具有批判的精神。具有批判精神的人善于独立思考，使自己不受传统观念的束缚，而以科学的眼光去看待各种事物。因此，大学生要大胆地克服这些阻碍创新性的心理障碍，坚持用实事求是的科学态度去对待一切事物，摆脱传统观念和习惯性思维方式的影响，培养勤学好问、善于钻研、独立思考的良好品质。

第三章　大学生创新创业的环境与素质

第一节　大学生创新创业的时代环境

一、创业激励促进

经过查询相关权威机构的公开信息，不同地区对大学生创业的政策扶持情况不同，大部分地区的优惠政策及补贴等主要有以下几个方面。

（一）大学生创业优惠政策

1. 税收优惠

高校毕业生在毕业年度内创办个体工商户、个人独资企业的，3 年内按每户每年8000 元为限额依次扣减其当年实际应缴纳的营业税、城市维护建设税、教育费附加和个人所得税。对高校毕业生创办的小型微利企业，按国家规定享受相关税收支持政策。

2. 创业担保

对符合条件的高校毕业生自主创业的，可在创业地按规定申请创业担保贷款，贷款额度为 10 万元。鼓励金融机构参照贷款基础利率，结合风险分担情况，合理确定贷款利率水平。对个人发放的创业担保贷款，在贷款基础利率基础上上浮 3 个百分点以内的，由财政给予贴息。

3. 事业性收费

毕业 2 年以内的普通高校毕业生从事个体经营（除国家限制的行业外）的，自其在工商管理部门首次注册登记之日起 3 年内，免收管理类、登记类和证照类等有关行政事业性费用。

4. 培训补贴

对高校毕业生在毕业学年（即从毕业前一年 7 月 1 日起的 12 个月）内参加创业培训的，根据其获得的创业培训合格证书或就业、创业情况，按规定给予培训补贴。

5. 创业服务

有创业意愿的高校毕业生可免费获得公共就业和人才服务机构提供的创业指导服务，包括政策咨询、信息服务、项目开发、风险评估、开业指导、融资服务、跟踪扶持等"一条龙"创业服务。各地在充分发挥各类创业孵化基地作用的基础上，要求因地制宜建设一批大学生创业孵化基地，并给予相关政策扶持。对基地内大学生创业企业要提供培训和指导服务，落实扶持政策，努力提高大学生创业成功率，延长企业存活期。

6. 户口申报

取消高校毕业生创业者的落户限制，允许高校毕业生在创业地办理落户手续（直辖市按有关规定执行），申报并取得当地户口。

（二）大学生创业补贴

1. 一次性创业资助补贴

补贴对象：①普通高等学校、职业学校、技工院校学生（在校及毕业 5 年内）；②出国（境）留学回国人员（领取学位证 5 年内）。

补贴标准：以上人员成功创业（在本市领取工商营业执照或其他法定注册登记手续，本人为法定代表人或主要负责人），正常经营 6 个月以上的，每户给予一次性创业资助 5000 元。

2. 租金补贴

补贴对象：①普通高等学校、职业学校、技工院校学生（在校及毕业 5 年内）；②出国（境）留学回国人员（领取学位证 5 年内）。

补贴标准：在本市租用经营场地创办初创企业并担任法定代表人或主要负责人的，可申请租金补贴。租金补贴直接补助到所办企业，每户每年 4000 元，累计不超过 3 年。

3. 创业带动就业补贴

补贴对象：①普通高等学校、职业学校、技工院校学生（在校及毕业 5 年内）；②出国（境）留学回国人员（领取学位证 5 年内）。

补贴标准：以上人员在本市自主创业，吸纳毕业 2 年内高校毕业生，并与招用人员签订 1 年以上劳动合同，依法为招用人员购买并连续缴纳 3 个月以上社会保险。按初创企业招用人数给予创业带动就业补贴，招用 3 人（含 3 人）以下的按每人 2000 元给予补贴；招用 3 人以上的每增加 1 人给予 3000 元补贴，每户企业补贴总额最高不超过 3 万元。

4. 社会保险补贴

补贴对象：自毕业学年起 3 年内自主创业，在本市领取营业执照或在其他法定机构注册登记并正常经营的高校毕业生。

补贴标准：按本市现行社会保险缴费基数下限和缴费比例，给予最长不超过 3 年的养老、失业、工伤、医疗和生育保险补贴（个人缴费部分由个人承担）。

5. 招用工补贴

补贴对象：自毕业学年起 3 年内，高校毕业生在本市自主创办，吸纳应届高校毕业生就业，签订 1 年以上劳动合同并办理就业登记，且依法参加社会保险的创业企业；毕业 2 年内，本市生源高校毕业生在本市自主创办，吸纳本市生源的高校毕业生就业，签订 1 年以上劳动合同并办理就业登记，且依法参加社会保险的创业企业。

补贴标准：按本市现行社会保险缴费基数下限和缴费比例，依实际招用人数和所签劳动合同期限，给予最长不超过 3 年的养老、事业、工伤、医疗和生育保险补贴（个人缴费部分由个人承担）。

6. 岗位补贴

补贴对象：自毕业学年起 3 年内，高校毕业生自主创业，招用并签订 1 年以上劳动合同的应届高校毕业生的创业企业；毕业 2 年内，本市生源高校毕业生在本市自主创业，招用毕业 2 年内的本市生源高校毕业生并签订 1 年以上劳动合同的创业企业。

补贴标准：创业者及被招用人员给予每人每月 200 元的岗位补贴，根据劳动合同期限，补贴期限最长不超过 3 年。

二、新型创业平台

（一）众创空间

1. 众创空间的内涵

众创空间是以科技型创业项目为主要服务对象，以团队孵化为主要任务，通过提供联合办公和"前孵化"服务，提高创业团队的素质和技能，降低创业成本和门槛，引导和帮助创业团队将科技创业点子转化为实业创业的各类科技创新创业场所。

2. 众创空间的功能

众创空间的主要功能是为创业者、创业团队、初创企业，提供低成本、便利化、全要素、开放式的孵化服务。通过创新与创业相结合、线上与线下相结合、孵化与投资相结合，以专业化服务推动创业者应用新技术、开发新产品、开拓新市场、培育新业态，帮助创业者把想法变成产品，把产品变成项目，把项目变成企业。

3. 众创空间的类型

众创空间根据运营特点可以分成以下四个类型。

（1）实体型工作空间

实体型工作空间保持了微观装配实验室的初始形态，主要功能是为创客提供必要的工具（开源硬件、软件等）、材料及其他条件，鼓励创客通过分享和交流创造并实现价值的创业空间。

（2）线上线下结合的社交空间

线上与线下相结合的社交空间是指通过讲座、路演、网上交流等形式，为创客提供全方位创业指导的创业空间。

（3）基于网络的创客空间

基于网络的创客空间将微观装配实验室理念拓展到网络空间，其主要建设和运营主体是企业。它能够像生活实验室那样为创客提供交流平台，也可以为创业者提供创新创业工具、信息、资金等方面的支持。

（4）资源共享空间

资源共享空间是指为创客提供全方位的资源，不限于打印机、网络、咖啡、工位等，还包括培训辅导、融资对接、活动沙龙、财务法务顾问等。此外，有些创业服务机构自己设立创业基金，有些能帮助初创企业完成鼓励、补贴政策的申请，有些还通过与第三方合作的方式提供工商服务等。

4. 众创空间的特征

众创空间主要具有以下四个特征：

（1）低成本

低成本指大多非营利，采取部分服务免费、部分收费，或者会员服务的制度，为创业者提供相对较低成本的成长环境。

（2）便利化

便利化指通过提供场地、举办活动，方便创业者进行产品展示、观点分享和项目路演等。众创空间还能向初创企业提供其在萌芽期和成长期的便利，如金融服务、工商注册、法律法务、补贴政策申请等，帮助其健康而快速地成长。

（3）全要素

全要素指众创空间可以提供创新创业活动所必需的材料、设备和设施。

（4）开放式

开放式指面向所有公众群体开放，不分职业、性别、年龄等。

（二）孵化器

本节以科技企业孵化器为例进行介绍，科技企业孵化器是培育和扶植高新技术中小企业的服务机构。

1. 科技企业孵化器的内涵

科技企业孵化器是以初创期科技企业为主要服务对象，以企业孵化为主要任务，通过提供办公空间和孵化服务，降低创业者的风险和成本，以及提升创业企业成功率的各类科技创业服务载体。

2. 科技企业孵化器的功能

科技企业孵化器的主要功能是为初创期的科技企业提供创业培训、辅导、咨询，提供研发、试制、经营的场地和共享设施以及政策、法律、财务、投资融资、企业管理、人力资源、市场推广和快速成长等方面的服务，以帮助降低创业风险和创业成本，提高企业的成活率和成长性，培养成功的科技企业和企业家。

3. 科技企业孵化器的服务

近年科技企业孵化器的发展已形成自己的特色并开始呈现多种形态。孵化器正朝着形式多样化、功能专业化、投资主体多元化和组织网络化的方向发展，但是其基本任务仍是为被孵化企业提供各种外部资源及服务的。其具体的服务内容包括四点：①创业支持，包括企业创办手续服务、基础条件的提供等。②咨询与培训，包括政策、财务、税务、人事管理的咨询及相应的培训等。③要素资源服务，包括人才、技术、产品、资金和市场协作网的建立和有效服务。④信息化服务，包括建立数字化网络平台，提供网上培训、展示、电子商务服务等。

第二节　大学生创新创业的基本素质

一、身体素质

青少年健康的身体素质是国家和民族的财富，更是每个人健康成长、每个家庭实现幸福生活的基础。当代大学生是国家和民族的希望，肩负着促进社会发展的责任和使命。他们需要强健的体魄、健康的心理和适应社会发展的综合能力。

（一）身体健康是基础

一个国家或民族是否能够屹立于世界的根本就是这个国家或民族的身体素质的水平。青少年身体素质水平关系着国家的繁荣、民族的兴盛、家庭的幸福和个人的前途，因此必须要引起全社会的重视。

体育锻炼是提高身体素质最主要的方法之一。它不仅能够改变形体，还能够改善身体机理。因此作为当代大学生，首先，我们要提高自己对体育锻炼的认识，只有提升了认识，才会自觉地参加各种体育锻炼活动。其次，要了解当代大学生身体素质健康的标准，才能对自己的体质做出正确的分析、判断。最后，在校期间，大学生需要一份详细的、长期的体育锻炼计划，并按照计划持之以恒地进行下去。

作为培养大学生的摇篮，各高校有义务和责任帮助学生理解体育锻炼的意义与技巧，帮助学生形成坚持体育锻炼的良好习惯。同时，学校也需要建立系统的指导理念，并加强对体能训练工作的支持。其具体措施主要包括五个方面：①将提高学生身体素质作为高校体育课程的主要目标和重要内容，改进原有体育课程的传统模式；②建立具有校级特色的体育理念，增加开展体育教育活动的频率，并确保每次活动的效果；③精选体育教学课程内容，加大力度培养学生们参与体育锻炼的兴趣和习惯；④建立并完善学校相关的评价体制，提高大学生们参与体育锻炼的积极性；⑤加强教师队伍的专业技能培训，以确保体育教学质量的稳健提升，从而使学生身体素质的提高有所保障。

健康是人生的第一财富，是创业的必要条件。如果没有健康，知识就无法利用，智慧也难以表现。对于当代大学生来说，健康的身体素质是快乐生活、成就学业和事业的基础，也是创新创业的基础。

（二）健康身体素质标准

目前关于大学生健康身体素质标准的描述还未有统一定论，结合国内外公认的几项标准，当代大学生健康身体素质的标准主要有以下几个方面。

1. 身体发育较好

学生身体发育较好主要是指学生个体生理的连续变化过程，即有机体或器官在量的方面增加，在结构方面变得精密，在机能方面有所提高的过程。它主要包括匀称的形体、健康的机能、较好的体能和较强的适应能力。

其中身体形态是指体格、体型和姿态等。大学生匀称的体态主要是指大学生的身体发育水平良好，体型匀称、姿态正确。身体机能主要包括骨骼肌系统、呼吸系统、心血管系统和神经系统，各系统之间相互协调、有效工作，并对外界环境变化有良好的适应能力，对疾病有较好的抵抗能力。大学时期是机体体能发展的高峰时期，大学生应该积极参加体育锻炼，不断提高体能水平。

2. 具备运动能力

运动能力是一种基本的活动能力，是运动技能和机体素质相结合的一种综合能力。参加运动的能力是当代大学生健康身体素质标准的主要内容之一。不断提高大学生的运动能力和技术水平是高校体育教育事业的主要工作内容。任何一项运动训练都会在一定程度上改善身体素质并促进身体素质的健康发展。例如，球类运动涵盖了跑、跳、投等多种运动形式，能全面地促进大学生身体素质的综合发展，提高生命活力，有助于保持阳光的心态，同时还可以训练脑部思考和判断的能力，增强反应的灵敏度。

3. 良好的认知能力

认知能力主要表现在听觉、视觉、触觉和智力方面较为优秀。它是大学生学习和生活的基本保证。在大多数情况下它主要指智力正常。智力主要包括记忆力、注意力、观察力、想象力、创造力和实践活动的能力等，是一种综合能力。一般来说，在校大学生的智力总体水平比较高，认知能力属于正常偏高的范畴，因此评估大学生的认知能力，主要在于大学生是否能够充分发挥各项认知能力的效能。其具体标准包括有强烈的求知欲，乐于学习和探索，在社会实践等活动中能充分协调地发挥智力水平等。

4. 情绪较为稳定

情绪是人的需要得到满足与否的反应，是人对事物的态度。当代大学生情绪健康稳定的主要表现是自信，充满希望，乐观开朗，积极向上。当代大学生需要做到能较好地控制和调节自己的情绪，在不同的场合能恰如其分地表达自己的情绪，既能做到约束控制情绪，又能适度地宣泄情绪，且不过分地压抑自己的情绪。

5. 意志较为坚强

意志是指人在完成一项有目标的活动时所进行的选择、决定与实施的心理过程。当代大学生拥有较为坚强的意志，表现为在学习、生活过程中，能自觉地确定目标，具有顽强的毅力，有良好的承受力和克服困难的勇气。

6. 人际关系和谐

和谐的人际关系是大学生健康素质必不可少的重要条件，也是培养大学生健康素质的重要途径。具体表现为乐于与人交往，在交往过程中能尊重、信任、宽容、帮助和关心别人，能与人融洽相处，能学习、赞美别人的优点和长处，能指出别人的缺点并给予帮助，共同进步。

（三）加强体育锻炼

身体健康是大学生实现创业的必备因素。没有良好的身体素质将会直接影响到大学生文化素质的提升和道德素质的提高，将会影响知识的利用和智慧的表现。提高大学生身体健康素质对于培养高素质人才、实现"大众创业、万众创新"具有重要的现实意义和长远意义。

创业的实施需要大学生与社会保持良好的接触，能正确地认识社会现状，能跟上时代发展的步伐，能符合社会发展的要求。当自己的需求和理想与实际情况发生矛盾时，能主动地进行自我调节并做出相应的改变。身体是革命的本钱，拼命创业很重要，但身体太差，对创业也是一种阻碍。如果创业者的精神状态不佳，不仅会打击创业团队，还会影响到企业的运营。

因此，加强体育锻炼是提高身体素质和疏解压力的有效措施。大学生可根据自身身体点选择单项或者集体体育活动。

1. 单项体育活动

慢跑是一种中等强度的有氧运动。慢跑的目的在于增进健康、增强体质、减肥防胖，并保持体态优美和心情舒畅。医学研究认为，慢跑是锻炼心脏和全身的好方法。

平板支撑是一种类似俯卧撑的肌肉训练方法，被公认为是训练核心肌群的有效方法。平板支撑能够减少背部的受伤，因为在做平板支撑的时候可以增强肌肉，这样就不会给予脊柱和背部太大的压力，另外还可以给背部强有力的训练，特别是上背部区域。因此，这项运动非常适合久坐的大学生。

2. 集体体育活动

篮球是各类运动会的核心比赛项目，是以手为中心的对抗性体育运动。篮球运动需要参与者具有快速奔跑、连续起跳、敏捷反应与力量抗衡的能力，需要参与者具有勇敢顽强的斗志和团结协作的精神。它可促使参与者得到心理的满足和愉悦。篮球运动既可以强身健体，也可以使个性、自信心、审美情趣、意志力、进取心、自我约束等能力都有很好的发展，也有利于培养团结合作、尊重对手、公平竞争的道德品质。其他球类运动，如足球、排球也均有上述作用。

二、心理素质

创业心理素质是指在创业过程中对创业者起动力作用的个性心理特征。它是个人创业素质的基础，也是创业教育的核心内容。创业实践活动需要大学生具备良好的创业心理素质，它是创业实践活动成功实施的核心保障。培养大学生正确的创业心理素质，是每所高校开展创业教育的核心内容。

在"大众创业、万众创新"的时代背景下，高校是创造性人才成长的摇篮。创业中的主力军已经是青年一代的大学生，他们已经成为创业的原始力量，担负着促进社会发展的重任，代表着社会的未来和希望。当代的高等教育不应只是知识和学历教育，而更应该注重创新思维、创造力的培养和开展创业教育。大力开展创业教育的前提是培养大学生创业者的良好心理素质，其目的是使大学生创业者在掌握理论知识的同时培养良好的道德品质，并且要使他们具备创新思维、掌握创业能力、具备相关知识和技能、学会创新、学会创业，为未来成功创业做好准备。

通过对相关创业心理研究的文献综述的梳理整合可知，成功的大学生创业者一般具备创新动机、承担风险能力、自控力、包容和自信等心理特质。一般情况下，创业的动机主要有：①乐于挑战；②个人追求向上；③所学知识或经验有用武之地；④受学校、家庭和朋友的影响。

三、文化素质

大学生的文化素质是催生创业意识的沃土，反过来创业意识也体现了大学生的文化素质。创业文化素质是大学生创业者必须具备的基础要素。它不仅要求大学生具备必需的专业知识，还要掌握现代科学、管理科学、经济学、法学和哲学等知识，并且要具备不盲目、不唯书、敢于挑战传统、勇于质疑的科学精神。对大学生进行创业文化素质的培养可以以多元质量观和学生自主学习的个性化原则为指导，结合学生先天的性格、志向、潜能、爱好和才能等方面的特点，建立与专业教育相结合的创业教育课程体系及配套制度以及与创业教育价值取向相一致的通识教育，培养具有理论、思辨、管理、经营、应用等能力的创业型人才。

（一）创业文化素质的培养

1. 有利于教育理念的更新

创业文化素质的培养体现了素质教育的重要性。目前，在高等学校开展的素质教育体系中，文化素质是基础。文化素质教育是全面推进素质教育的突破口和切入点，其中创业文化素质是一个主要的方面。"大众创业、万众创新"的时代背景必然会推动创业文化素质在高校素质育人环节中的深入开展，并且促进创业文化素质教育与思想道德素质教育、身心素质教育及专业素质教育的有机融合。

2. 有利于课程改进的深化

在校大学生要培养创业文化素质，除了学习专业课外，还需要及时了解国内外经济发展形势、新技术内容、市场营销和企业管理知识以及常见的成功企业家的经验等。这就要求学校调整课程结构，补充学生的创业文化知识，提高大学生的人文素质和科学素养，为科学教育和人文教育的融合开辟新的路径。

3. 有利于人才培养模式的调整

在改进课程体系和课堂教学的同时，引入创业文化素质教育，加大社会实践活动和第二课堂建设力度，做到理论教育与实践教育相融合，课外教学与课内教学相结合。强调用丰富多样的社会实践活动锻炼学生的组织、管理能力，用高水平的校园文化氛围熏陶学生的道德情操，从而增强其社会责任感，使其思维更加活跃、文化知识结构更加合理。

4. 有利于师资队伍的建设

高校创业文化素质培养工作的开展可完善学校学科结构的完整性。与此同时，推动高校专业课教师参与各种创业知识的培训可促进师资队伍的建设，这有利于打造一支具有较高水平的师资队伍。

（二）创新能力的培养

创新能力的培养对大学生内在素质的升华极其重要。在进行专业教育和人文教育的同时，将创新能力的培养体现在细节当中，可以有效地避免学生在专业和人文教育过程中产生学习态度散漫、对知识缺乏兴趣的消极思维。因此，在创业教育中，创新能力的培养是重中之重。

（三）创新能力的培养方法

1. 加强社会实践教学

绝大多数国内外高校都要求学生在学校学习专业理论知识的同时还要在企业接受职业技能培训，而且培训时间均有一定的要求。学生在确定自己专业前，会到与所选择的专业相关的企业去实习，让自己尽可能多地与企业员工在一起，在了解专业在企业中的实际需要和发展前景的同时，培养吃苦耐劳和踏实的精神。由此大学生要重视实习环节，自觉、主动参加实践性教学，积极运用所学的内容，设计具有创业意识的方案。

2. 开展课外团体活动

通过研究高校教学模式，不难发现，高校学生的团体活动只要不违背法律，不与学校的规章制度冲突，校方都持鼓励和支持的态度。因此大学生只有多参加课外团体活动，形成自我教育、自我发展、自我管理和自我约束的习惯，才能锻炼和提高自己的创新能力、沟通协调能力和领导能力。

3. 营造浓厚学术氛围

学生在校期间一方面要了解科学技术的贡献，系统学习科学技术历史上的成就，另一方面也要要求自己不能拘泥于已有的成就，不能故步自封。在尊重前人的成就、吸收前人成就的基础上，要保持批判的思维和眼光。在继承前人成就的同时，要学会创新和超越，只有这样才能攀登新的高峰。

第四章　大学生职业生涯规划的基础

第一节　职业生涯目标设定的原则

一、职业生涯目标设定的 SMART 原则

成功的大学生在职业方向明确后，最紧迫的就是制订切实可行的目标。制订目标看似简单，其实却包含了很多不可控因素。因此在设立目标的时候，可以参考 SMART 原则，其具体含义如下。

S 代表具体的：目标要清晰明确，让自己和别人都能够准确理解。

制订目标必须是具体的，不能是抽象模糊的。职业生涯规划必须明确、清晰、具体才具有可行性。例如当谈论目标的时候，不要只是单一地说"我要找份好工作""我要成功的晋升"之类的话，这只是愿望，不是具体的规划，因此没有办法去具体落实。如果说"我要在十年内成为最优秀的数学教师""我要在十年内评上高级教师"，这才能称之为目标。当我们开始做职业规划的时候，应该更加注重细节的具体化。只有细节问题处理好了，这样才不会只有大方向，而没有清晰的前进轨迹。

M 代表可衡量的：目标要量化，可以采用一定的方法进行测量或评定。

可量化指的是可衡量，可测量的、有一定的评定标准，尤其针对结果而言。具体化可能还含有感性的成分，而量化却要求理性的数据和数字，拒绝"大概""差不多"之类的模糊修辞语。面对职业规划，我们不需要任何自我欺骗和任何借口，因为数据、事实会说明一切。因此，制订的目标最好是以明确的数据来描述，如"每天早上读 40 分钟英语，每天记住 5 个英语单词""每周去图书馆 6 次，一次至少 2 小时"等。制订一个可测量的目标能让一个人真切感受到他正在进步，并积累成功经验和树立信心。此外，制订长远的目标最好将之分成几个渐进达成的步骤，并且随时检视是否需要修正进度或方向。

A 代表可实现的：目标要通过努力才可以实现，即目标不能过低和偏高。目标过低则没有实际意义；目标偏高则实现不了。

职业规划设定的目标要高，要有挑战性，但是，一定是可达成的。换言之，制订目标要在我们能力所及的范围，制订出我们可以逐步达成且有成就感的目标。例如，有个同学没有音乐天分，甚至五音不全，却一直想当歌星，这目标对他而言是极难实现的。因此，制订的目标应是靠自己的能力和努力可以达成的，而非浮夸或好高骛远的梦想。

R 代表相关的：目标要和工作有相关性。

相关性指的是所制订的目标必须和其他工作目标具有相关性。在职业生涯规划中，

所制订的目标要与未来岗位的工作职责相互关联，不能彼此孤立起来。比如，你想做的是大学英语教师，那么学习一些国外的文化方面的知识是有必要的，这和本职工作是有关联的，但是如果你花时间去考注册会计师，这就又与未来的职业生涯规划发生冲突了。

T 代表有时限的：目标要有时限性，规定的时间一到，就要对结果进行测评。

时限性指的是制订目标需要有预定达到的进度和完成的时间表，这样才能确认要投入多少时间以及在什么时候完成。职业生涯目标的制订应从一生的发展写起，然后分别设定 10 年计划、5 年计划以及一月、一周、一天的计划。计划订好后，再从一天、一周、一月的目标开始实施，直到实现 1 年目标、3 年目标、5 年目标、10 年目标等。因此，一个合理的时间表不仅能帮助一个人建立信心，并且还可以帮助一个人学会做好时间管理。

总之，只有使自己的目标符合 SMART 原则的要求，大学生职业生涯规划目标才可能是客观的，科学的，具有指导意义的。

二、职业生涯目标设定的"三定"原则

"三定"就是解决职业生涯设计中"干什么""何处干""怎么干"这三个最基本的问题。这三个问题解决好了，职业生涯发展通常就会比较顺利。职业生涯设计对于大学生的人生道路来说具有重要意义。"三定"原则或许对你会有所帮助、有所启示。

首先要"定向"。方向定错了，距离目标会越来越远，甚至还要重新走回头路，这样将付出较大的代价。在通常情况下，职业方向由本人所学的专业确定。但现实的情况是很多大学生毕业后并不能完全按照自己所学的专业来选择工作，"学非所用"的情况比比皆是。在这种情况下，就需要认真考虑并选择适合自己的职业。

其次要"定点"。"定点"就是定职业发展的地点。比如有些大学生毕业后选择去大城市，有些选择到中小城市发展，有的则选择去边疆。选择留在大城市的，认为那里经济发达，发展空间大，薪资水平较高，但忽略了竞争激烈，观念差异、心理承受能力，甚至于气候、水土不适应等因素，结果时间不长又要跳槽。有的学生频繁更换工作地点，今天在这，明天到那。这些对于制订职业生涯目标都是不利的。假如从一开始就确立了职业发展的地点，围绕一种工作长时间开展，这对于增加自己的资历和经验都是有益的。

最后要"定位"。择业前要对自己的水平、能力、薪资期望、心理承受力等进行全面分析，做出较准确的定位。不可悲观地把自己定位过低，更不要高估自己，导致期望值过高。就业时不要过分在意企业的名气和薪资的高低，只要这家企业和提供的岗位适合自己，是自己所向往和追求的，就应该去试一试，争取被录用。要树立从基础做起，逐步积累经验，循序渐进谋求发展的思想理念。

第二节 职业生涯目标设定的方法

在经过自我探索定位和职业环境综合分析后，大学生们可以确定一个总体目标。这个总体目标也是最终目标，即人生职业生涯目标。设定职业生涯目标的方法主要有目标分解和目标组合两种。

一、职业生涯目标分解

职业生涯目标的实现可以用一系列的阶段目标来表示。为了顺利进入每一个新阶段，应根据新阶段的特点制订分目标。

实现一个远大目标很少能够一气呵成，必须分解成若干个易于达到的阶段性目标。目标分解就是根据观念、知识、能力差距，将职业生涯长期的远大目标分解为有时间规定的长、中、短期分目标，直至将目标分解为某确定日期可以实现的具体目标。

大学生可以按两种途径来分解目标：一是按时间分解。可分解为最终目标（人生目标）、长期目标、中期目标、短期目标。首先，应该区分最终目标与阶段目标。选择了职业生涯发展路径，并确定了总体目标，这个总体目标就是最终目标、人生目标。心理越成熟的人越早地确定自己的最终目标，并朝着这个目标前进。总体目标不清晰，就更谈不上分解更具体的长期、中期、短期目标了。最终目标只有与自己的价值观相符，才是有效的，并且最终目标一经确立就不要再频繁更改。其次，把最终目标分解为若干个长期目标，且每一阶段都有一个具体的目标。二是按性质分解。可分解为外职业生涯目标和内职业生涯目标。外职业生涯指经历一种职业（由教育开始、经工作期、直到退休）的过程，包括职业的各个阶段：招聘、培训、提拔、解雇、奖罚、退休等。内职业生涯更多地注重于所取得的成功或满足的主观感情以及工作事务与家庭义务、个人休闲等其他需要的平衡。

根据内、外职业生涯的内容，我们可以把长期目标、中期目标和短期目标分解出各自具体的内职业生涯目标和外职业生涯目标。

外职业生涯目标：①职务目标。职务目标分解应当具体明确。②工作内容目标。在现实生活中，能够做到高层职位的毕竟是少数。位置越高，留给我们可以选择的机会也就越少，而且能不能晋升很大程度上并不取决于我们自己。所以，不要只盯着职务目标的晋升，而应把外职业生涯目标规划的重心移到工作内容目标上来。③经济目标。我们从事一项工作，获得经济收入是一大目的。在职业生涯规划中列入收入期望无可非议。要注意的是切合实际和自己的能力素质，然后大胆地规划一个具体的数目，不要含糊不清，或者不敢写。④工作地点目标和工作环境目标。如果对工作地点和工作环境有特殊要求就要在规划中列出这两项内容。

内职业生涯目标：只追求外职业生涯目标会让人遭遇很强的挫折感。其实，我们还有一笔重要的财富不容忽略——丰富的知识经验积累，观念、能力的提高以及由此带来的快乐感、成就感。在分解和组合自己的职业生涯目标时，外职业生涯目标与内职业生涯目标应该是同时进行的，而且内职业生涯目标是尤其应该重点把握的内容。其具体内容包括以下四个方面。

（一）工作能力目标

工作能力是对处理职业生涯中各种工作问题的能力的统称，如策划能力、管理能力、研究创新能力、无障碍沟通能力、协调合作能力等。必要的工作能力积累是实现职务目标和收入目标的前提。所以，工作能力目标的设定应当优先于职务目标。

（二）工作成果目标

在很多企业里，工作成果都是进行绩效考核的一个重要指标。扎实的工作成果带给我们极大的荣誉感和成就感，也铺砌了通往晋升之路的阶梯。

（三）心理素质目标

在职业生涯途中，有人成功达到目标，有人半途而废，其区别其实不在机遇和外部条件。每个人在职业生涯发展过程中都会遇到各种各样的困难，只有心理素质较好的人才能正视现实，努力去克服困难，冲向卓越。而心理素质差的人只会怨天尤人、自暴自弃。为了职业生涯规划能够化为现实，千万不要忘记不断提高心理素质。提高心理素质目标包括经受挫折、包容他人，也包括在暂时的成功面前保持清醒冷静。

（四）观念目标

观念是对人对事的态度、价值观。很多企业都有自己的观念文化，这些观念影响着员工的行为，也影响着组织、领导、同事、客户对员工的态度。随时更新自己的观念，让自己总是站在前沿地带，这也是大学生职业生涯目标的重要内容。

二、职业生涯目标组合

目标组合是处理不同目标相互关系的有效措施。如果只看到目标之间的排斥性，就只能在不同目标之间做出排他性选择；而如果能看到目标之间的因果关系与互补性，就能够良好完成不同目标的组合。

目标组合有三种方法：时间组合、功能组合和全方位组合。

（一）时间组合

职业生涯目标在时间上的组合又可以分为并进和连续两种情况。

1. 并进

职业生涯目标的并进是指同时着手实现两个平行的工作目标或建立和实现与目前工作内容不相关的预备职业生涯目标。有时候，外部环境给予我们的机会很多，这让我们面临多个选择，于是会出现两个或多个不同方向的职业生涯目标。只要处理得好，在一定时期内，是可以同时实现两个平行工作目标的。当然，前提条件是你有足够的精力和能力来应对。对大学生而言，建议在一段时间内只定一个大目标。

这里所说的同时着手实现两个平行的工作目标指的是短期内进行的不同性质的工作，一般多为中、高级管理层"双肩挑"的情况。而建立和实现与目前工作内容不相关的预备职业生涯目标多发生在中、青年人身上，意在居安思危、未雨绸缪。这有利于开发潜能，在同样的时间内迎接更大的挑战，发挥更大的价值。

2. 连续

连续是指用时间坐标做基础，将各个目标前后连接起来，实现一个目标再进行下一个目标。一般来说，较短期目标是实现较长期目标的支持条件。目标的期限性是相对的，随着时间的推移，长期目标成为中期目标，中期目标成为短期目标，短期目标成为近期目标。只有完成好每一个近期目标和短期目标，最终目标才有可能实现。

职业生涯目标分为最终目标和阶段目标（长期目标、中期目标、短期目标、近期目标），各个阶段目标的设定大体与最终目标一致并互相关联。阶段目标是在一段特定的时间内要达到的结果，如果将职业生涯的阶段目标转变为职业生涯最终目标，只需将各个阶段目标连接起来，加上一个时间表，再加上一个衡量目标达成结果的评估方式即可。

（二）功能组合

很多职业生涯目标在功能组合上可能存在因果关系或互补关系。

1. 因果关系

有些目标之间存在着明显的因果关系，如前面提到的工作能力目标与职务目标和收入目标，前者是因，后者为果，表现为：工作能力提高—职务提升—收入增加。通常情况下，内职业生涯目标是原因，外职业生涯目标是结果。

2. 互补关系

一个管理人员希望在成为一个优秀的经理的同时取得进修证书，这两个目标之间存在着直接的互补关系。实际管理工作为进修学习提供实践的经验体会；而进修学习又为实际的工作提供理论支持和方法指导。例如，高校教师往往同时肩负着基础教学和科研两项任务，教学为进行科研工作提供了理论基础和方法指导；科研实践又促进了教学内容的丰富更新和水平的提高。

（三）全方位组合

全方位组合已超越职业的范畴，它涵盖了人生的全部活动。全方位组合指职业生涯、家庭和个人事务的均衡发展，相互促进。事业不是生活的全部，任何一个人都不能离开家庭和休闲娱乐。完美的职业生涯规划不应把生活中的其他内容排斥在外。目标组合可以超越狭隘的职业生涯范围，将全部的人生活动协调联系起来。

三、职业生涯目标设定

（一）大学生就业目标

大学生涯最常见的目标就是就业、考研或出国深造。这三种选择各有各的特点，无所谓优劣高低之分。学历只是社会评价标准之一，无所谓优劣。考研、出国深造，还是就业，要根据自己的实际条件来决定。面对严峻的就业形势，抓住机遇，及早就业成为大学生的主要目标。在就业目标确立过程中要注意以下三个方面。

1. 就业观念的转变

大学生在转变就业观念时应做到以下几点。首先，拓宽视野，选择可以发挥自己能力的地方；其次，改变对职业的认识，不断寻找新的职业领域；最后，不是选择最好的而是选择适合自己的职业。如大学生在选择目标企业的时候最大的疑惑是到底去大企业还是小企业。大部分学生倾向于大企业，觉得规模大，机制健全，可以学到更多的东西。但在大规模的企业里，新员工尤其刚刚走出校门的大学生，很少能和企业的高层领导交流，在人才济济的企业里自己也很难得到重视，发展的步伐也会因此受到一定的阻碍。而在规模相对小的企业里，刚就业的大学生们有着更和谐的工作环境，并且更容易得到老板的关注。遇到问题也可以随时交流，一般工作的覆盖面也相对宽广，可以扩大知识面，对自身素质和能力的提高有很大帮助。

2. 找到合适的支点

在日益增强的就业压力面前，越来越多的大学生或感慨自己怀才不遇，或感慨自己能力太差。其实如果能够找到合适的支点，大学生也可以找到满意的职业。要想找到合适的支点，具体应做到以下两点。

首先，眼光不能过高或过低，目标要切实可行。有的大学生对自己和社会环境过于自信，目标脱离实际；还有的大学生认为自己家庭条件不错，找工作不成问题；更有甚者，认为就业形势严峻，对自己自暴自弃，完全没有目标。大学生要客观看待周围环境和自身条件，树立切实可行的目标。

其次，避免过于执着和盲目跟风。作为大学生来说，自己的职业还是一片空白，首先要为自己定下职业目标，该往什么地方发展。刚毕业的大学生不应该把外部条件作为好工作的首要标准，而是要更快地提升自身素质，积累自己的工作经验，为丰富自己的工作经历打下良好基础。每个工作都有它好与坏的两面，要学会平衡和知足。如果不能直接实现自己的既定目标，就可以寻找别的工作机会，同时为以后的求职做准备。

3. 树立合适的就业目标

为了顺利就业或在激烈的竞争中有一席之地，越来越多的大学生采用以下方式拓展就业路径，树立就业目标。

首先，参加职业资格考试。参加职业资格考试是现在大学生比较热衷的方式之一。但是需要特别注意，不要盲目地去参加，要有计划，结合自己的专业和目标职业发展考取相关职业资格证书。

其次，辅修第二专业，增加就业保障。随着网络的普及，网络教育时间、地点的灵活性成为大学生掌握更多知识的好方式。

再次，利用课余时间参加校内外实践活动，积累工作经验。众多用人单位在招聘员工时，最看重的是毕业生的社会实践经验，所以在校大学生应及早做准备，利用课余时间参加校内外社会实践、积累工作经验，这也是提高自己竞争能力的一种方式。不过，学生还是以学习为主，自己的兼职时间和学业课程安排一定不能起冲突，要分清主次，在不耽误自己学业的前提下进行社会实践。

最后，参加职前培训，掌握求职技巧。很多学生的基本功很扎实，但是却过不了面试，因此大学生在平时应加强求职技巧方面的知识积累。目前，学校就业指导中心和一些职前培训机构都可提供如面试技巧、职位描述、行业知识、实操技能等相关培训。

（二）大学生自主创业目标

1. 支持大学生创业的原因

20 世纪 90 年代末，全球性的学生创业浪潮开始波及我国，成千上万的高校学生投身其中。瞬间，创业成为大学生成才的新途径。一方面，由于就业压力，一些人必然找不到工作，或是短时间内找不到合适的工作。在这种情况下选择创业也是一种无奈之举；另一方面，自主创业也确实可以为其带来良好的经济效益，而且自主创业是为自己打工，成功和失败属于自己，这可以更好激发他们的工作热情和自我实现意识。除此之外，以创业带动就业可以有效解决社会问题，因而大学生创业得到了国家的支持。

2. 大学生自主创业的难点

首先是知识限制。许多大学生创业者无法把自己的创意准确而清晰地表达出来，缺少个性化的信息沟通，对目标市场和竞争对手缺乏了解，这反映出大学生创业知识的缺乏。其次是缺乏经验和创新能力。大学生在创业过程中除了能处理基本事务外，对具体的市场开拓缺乏经验与相关知识，并且一般从事低端行业，经常忽视技术创新、创业资金的募集和使用等问题。

3. 大学生自主创业的重点

首先是选项关。要选择既适合自己又符合市场需求的创业项目，这是大学生创业者必须过好的第一关。一般来说，大学生创业应立足于技术项目，尽量选择技术含量高、自主知识产权明确的项目。其次是团队关。大学生创业投资时应寻求有合作能力的创业团队，而不是徒有想法的单干者。再次是经验关。大学生创业不能"纸上谈兵"，而应具备一定的企业管理及市场运营知识和经验。最后是心态关。大学生创业时应虚心接受别人的意见并敢于直面挫折和失败。

（三）设定目标的原则

1. 目标设立的客观性

个人发展目标的确立与团队或企业目标一样，必须具有客观性，否则就只能停留在幻想当中。换言之，个人目标的设立必须建立在个人兴趣、爱好、知识、能力、身体条件及社会环境等因素的基础之上。个人目标应该是通过努力可以达到的，并且是可考核、可评价的，是可量化、可分解的。不具有客观性的目标是不可能实现的。当然，个人的奋斗目标一经确立，也不是一成不变的。随着个人的成长，知识与阅历的增加以及兴趣的转移，阶段性地调整自己的目标则更加有助于自己人生价值的实现，但却不能过分频繁地变换目标。频繁地变换目标与没有目标，对于一个人的发展来说同样是危险的。

2. 目标分解的科学性

任何一个人不可能一步就跨入自己的理想世界，不可能瞬间实现自己的人生目标与价值。一个人的成功之路是由一个个目标铺就的。在一个目标实现以后，一个新的目标必然出现在前方。这些具体目标也是相互关联的，它们在人生总目标的统领之下，逐渐分解而来。一个人人生价值的实现过程就如攀登一座高峰，要想顺利到达峰顶就要从山峰的脚下往上攀。一步一步的踏点为我们支起了登顶的阶梯，这每一个踏点也就是我们登顶过程中的一个个分目标。正是这些分目标的不断实现，促使我们最终能够完成登顶的最大目标。对于一个人的成长来说，在其实现自身价值的总目标确定之后，也要如登山一样将自己的总目标分成若干分目标，如阶段目标、年目标、月目标、周目标、日目标等，而且在目标分解的过程中一定要坚持科学性的原则。只有这样才能保证我们每走一步都能够离我们的总目标更近一点，也只有这样，我们人生发展的总目标及人生的价值才能真正实现。

"世上无难事，只要肯登攀"是对"目标"及其实现途径的最贴切、最科学的阐述。科学地设立目标、详细地分解目标以后，如果不付诸实际的努力，也不会产生任何实际的成果。

第三节　职业生涯计划的制订与实施

一、职业生涯计划的制订

（一）制订计划时的常见问题

计划能力是指用来明确界定在一个有限的时间段内和一个有限的工作范围内到底需要做哪些具体事情的能力。一个没有明确的任务内容清单的计划一定是不可能完成的。对于职业人而言，制订计划是一个必备的能力和基本素质。

在计划制订过程中，常见的问题主要有以下几类。

1. 计划不合理

计划最常见的问题是计划不科学、不合理。任何计划的制订都涉及很多因素，比如计划参与的主体能力因素、客观条件因素和所涉及的第三方因素等。合理的计划是在综合各种相关因素的基础上，按照逻辑和先后主次顺序安排各计划内容。常见的计划不合理现象包括：完成期限不合理从而使在规定期限内不能完成任务；步骤策略不科学导致返工和资源浪费；目标太高或过低造成结果与计划相差太远等。

2. 计划不完整

一份完整的计划是取得圆满结果的保证。计划能力较差的人对行事计划的框架步骤把握不够，容易遗漏一些问题甚至关键性的问题，造成计划不周全，最终影响执行的效果。

3. 计划可执行性差

计划目标不清晰或计划目标定得太高等都源于计划制订者没有充分考虑执行者的能力水平、资源条件和各种可控因素，这会造成计划根本无法执行。有些计划的完成期限和资源配置不合理，则会造成计划无法推行。计划太过粗略也往往造成计划执行效果较差。

4. 计划灵活性差

一份高质量的计划应有备选方案，具有应对风险的灵活性。在制订计划时，没有充分考虑执行过程中的变动因素和不可靠因素，即预案做得不透彻，往往会出现计划过死的问题。对执行过程中可能出现的意外或风险，在制订计划时就要充分分析，做好调整和应对之策，保证计划有一定的灵活性和合理弹性。

（二）合理制订职业生涯计划的方式

1. 了解计划的要素

任何计划都应包括四大要素：目标（包括阶段目标和目标主体）、时间、步骤与合作沟通。做计划方案时，首先要制订清晰而具体的、可衡量的、可达到的、时间界限明确的目标。目标要细分为阶段目标，要明确各阶段目标的责任主体。其次要明确达成各阶段目标的时间安排和分配。再次，制订计划执行的步骤要科学合理且紧凑。最后，计划执行主体要加强各方配合沟通，以保证团队成员了解计划，明确各自职责，使计划协调一致。

2. 科学的计划方式

条状图的内在思想简单，基本是一种线条图，横轴表示时间，纵轴表示活动（项目），线条表示在整个期间计划和实际活动的完成情况。它直观地表明任务计划在何时进行以及实际进展与计划要求的对比。管理者由此可以极便利地了解一项任务（项目）还剩下哪些工作要做，并评估工作是提前还是滞后，抑或正常进行。因而它是一种理想的计划执行控制工具。

二、职业生涯计划的执行

（一）制订行动计划

大学生创业者在制订了一系列的目标和计划后，一定要付诸实际的行动，努力实现自己的目标。这时，制订一个行动计划方案是很有帮助的。制订职业生涯规划行动方案通常应遵循以下两个步骤。

1. 行动思考准备

大学生创业者需要不断思考：所学专业的发展前景如何？个人发展计划必备的要素是什么？我的职业目标是什么？怎样才能实现职业目标？等等。

2. 制订行动计划书

完整的行动计划书应包职业方向与总体目标，社会环境分析、学校分析、自身条件分析及潜力测评、角色及建议，目标分解，成功标准，差距以及缩小差距的方案。

（二）实施计划

职业发展规划的内容不仅要有明确的职业志向，更要有翔实的相关职业技能的训练内容。首先，通过系统的理论学习，完善知识结构；然后，有目的地通过社团活动，积极参加各种拓展自我的实践活动，拓展目标岗位所需要的素质和能力；最后，通过在企业中兼职，假期中的企业实习等实战演练，在自己未出校门之前就对目标岗位的相关技能，有了明确的认知和具体的实践经验。具备了这样的基础，就业的成功与职业生涯的顺利开始将水到渠成，在未来的职业发展阶段，也必将具备较强的竞争优势。

第五章 大学生职业生涯规划的系统性

第一节 大学生职业生涯规划的评估

影响职业生涯规划的因素很多，有的因素是可以预测的，而有的因素则是难以预测的。在此情况下，要使职业生涯实施方案行之有效，就需要不断地对职业生涯规划进行评估与修正。大学生职业生涯规划评估主要是对各阶段的预定目标和实际结果之间的差距进行分析，从而找出差距产生的原因。

一、职业生涯评估的作用

许多大学生对职业生涯规划的认识都会走入一个误区，他们错误地认为只要根据实际情况制订好了职业生涯规划就会一劳永逸，但事实上并不是这样。我们周围的环境每时每刻都在变化，我们自身的条件也不是一成不变的，所以，职业生涯规划是一个动态的过程。在实施职业生涯规划的过程中有些条件会发生变化，从而导致目标和结果出现一定的差距，这就要求要根据实际情况对职业生涯规划进行不断的调整。至于如何调整，应取决于评估的结果。

（一）检查职业生涯策略

大学生在制订职业生涯规划的时候，都是先进行自我评估，然后在此基础上为自己的职业生涯定下目标，并制订相应的实施策略，包括学习阶段、培训阶段、实习阶段等，这些计划都是为实现职业目标而服务的。但是，这些计划是否得当，那就另当别论了。因为大学生的很多计划都是在主观分析和经验的基础上制订的，因此，大学生在实施这些计划的过程中要不断反省，定期对实际效果进行检验。

（二）检验职业生涯目标

职业生涯规划的每项内容都是建立在自我分析和客观事实基础上的，但是我们身处的世界每天都在发生变化，大到国际形势突变、国家政策的调整，小到组织制度的改变、组织结构更新、自身条件变化，这些都是影响我们制订职业生涯目标的客观因素。同时，大学生的心理不成熟，缺少社会阅历，加之大部分大学生对自己评价过高，对于职业生涯的期待过高，并不根据实际情况确定期望值，所以造成大部分人在制订职业生涯规划时有些盲目，制订的职业生涯目标与实际有很大的偏差，缺乏可操作性，这正是近些年大学生跳槽率偏高的原因。因此，要定期对职业生涯规划进行评估，要考虑所选择的职业是不是你心中最想做的工作，它是否适合你，这些问题必须在实际的工作中才能找到答案。

（三）调整职业生涯规划

我们经常强调，周围环境及我们自身都是不断变化的，如果我们不对职业生涯规划进行评估，或者说很长时间才评估一次，就不可能及时地发现问题，并迅速做出改变。许多的职业指导专家都建议至少每年做一次评估。因此，要根据实际情况，进行定期的评估，以及时纠正实施过程中出现的偏差，时间最好不要超过一年。一般情况下，对中长期目标的评估要比短期目标评估花更多的时间，而且有可能对职业目标进行较大改动。

二、职业生涯评估的要点

（一）抓住重要内容

猎人如果同时瞄准几只兔子，那么他可能一只兔子都打不到。同样，在大学生职业生涯规划的评估中也不必面面俱到，而是应抓住一两个关键的目标和最主要的策略方案进行追踪。

（二）分离环境变化

针对变化了的内外环境，要善于发掘对自己影响最大的变化，然后据此评估和修订自己的职业生涯规划。

（三）找到突破方向

有时候，在某一点上取得突破性的进展将使整个局面发生意想不到的改变。大学生要经常想一想，事先规划的策略方案中哪一条对于目标的达成有突破性的影响？达到了吗？如何寻求新的突破？

（四）突出自身优势

经常审视目标设定，看看是否考虑了自身的优势。或者，经过学习和培训，自身的优势是否更加突出。如果是，则需要重新进行自我分析和职业定位，突出自身优势。

三、职业生涯评估的方法

（一）反馈法

准备一个记录本，记录一段时间内学习、思考的心得体会，以及参加的各项活动及其感想。然后检查并修订自己的职业生涯规划，看看哪些事情没做好，哪些学习和工作方法需要改进，哪些能力需要提升。

（二）分析法

每个月或每个学期结束后，要认真总结一下自己这段时间的收获有哪些，这些收获对达到最高目标有无帮助。另外，在每一个短期目标实现后，都应对下一步的主客观环境和条件重新进行调查、分析，看看条件是否变化，哪些变好，哪些变坏，总体如何，要做到心中有数，然后根据变化了的情况及时修订原来拟定的下一步计划。

（三）对比法

对比法是指将自己的职业生涯规划及其执行情况与他人进行对比，找出自己的问题与差距，据此改进自己的职业生涯规划及其执行方法。

（四）交流法

交流法是指经常就自己的职业生涯规划及执行情况与同学、教师进行交流，听取他们的建议和忠告，然后据此改进自己的职业生涯规划及其执行方法。

（五）评价法

职业生涯规划反馈时，通常是全方位的反馈。在全方位反馈评价法中，评价者不仅包括被评价者的上级主管，还包括其他与之密切接触的人员（如同事、下属、客户等），同时也包括自评。可以说，这是一种基于上级、同事、下级和客户等搜集信息、评价绩效并提供反馈的方法。大学生职业生涯规划全方位反馈评价应包含学校领导、教师、学生和被评价者自身等。实施大学生职业生涯规划全方位反馈评价，要重点做好以下工作。

1. 做好同学间评价

同学间评价可以借助同学们的智慧与经验，让被评价的学生更清楚地认识到自身的优势和不足，明确努力的方向。

2. 做好自我评价

自我评价便于大学生进行自我反思，由被动接受评价转变为主动反省和总结学习工作的得失，从而使大学生自我评价成为自我认识、自我改进、自我管理、自我完善的有效途径，以及大学生专业发展的有力辅助。

3. 做好评价反馈

大学生全方位反馈评价能否改善我们的职业生涯规划状况，在很大程度上取决于评价结果的反馈。因此，应通过选择合适的时间、地点和反馈途径，把各方面的评估信息进行综合分析并反馈给我们自己，从而帮助我们评价和调整职业生涯规划的发展和行动方向，进而增强反馈的作用。

四、职业生涯评估的步骤

（一）确定评估的目的和任务

不论我们做什么事，在开始着手之前都要考虑一下，我们为什么要做这件事，即我们的目的是什么。所以，我们在做职业生涯规划的评估工作时要首先确定评估的目的及主要任务。

（二）进行自我评价

事实上，最了解自己的人还是自己。因此，在职业生涯规划评估中要首先进行自我评价。自我评价包括两方面的内容：其一是按完成时间评估；其二是按完成性质评估。

当我们做好了一份职业生涯规划时，都会按照时间来确定阶段性任务。所以，自我评价首先就要看我们是不是准时完成了计划中的任务。如果在规定的时间内完成了所定目标，说明计划比较合理，目标和策略设定得比较得当，可以继续实施下一目标。如果在规定的时间内无法完成所定目标，那就应该进行反思，找出发生这种情况的原因并制定相应的对策。

我们在完成任务的时候不仅要按时，而且要保证质量。如果我们按时完成了目标，但是感到完成起来非常困难，或者感到效率很低，完成得质量不高，这时就要考虑：是定的职业目标太高，还是我们没有紧迫感，没有抓紧时间。若目标定得太高，可以考虑降低目标的难度；若我们完成计划时未抓紧时间，那就应该加强紧迫感。还有一种情况就是，我们完成了既定目标，但完成得过于轻松，那就意味着我们定的目标过低，这时可以考虑适当地提高目标。

综上所述，在自我评价的过程中不能单纯地考虑按时完成，还要保证质量，这样才能更好地实现目标。

（三）评价反馈信息

评价反馈信息是指对事先搜集的反馈信息的准确性和实用性进行评价。在搜集信息的过程中，由于客观原因会存在信息与实际不符的问题。例如，有些人碍于"面子"，不肯讲出自己心里的真实想法，从而提供了一些无用的信息；有些人怕说出实话而得罪人，不进行客观评价。因此，我们在搜集好信息以后，要仔细地进行甄别和筛选，保留对自己有用的信息，丢掉那些无用和不真实的信息，这样得出的评价结论才会客观。

（四）得出评价结论

运用科学的评估方法，在对反馈信息进行分析后会得出最终评价结论。一般来说，只要每个步骤都依据客观事实来执行，得出的结论就比较正确，评估工作也就顺利完成了。

第二节　大学生职业生涯规划的修正

职业生涯规划的制订实际上是一个动态的过程。由于现实社会中有许多不确定因素的存在，新的情况不断涌现，会使大学生原来制订好的职业生涯目标与现实情况有所偏差，这就要求大学生要不断反省，通过目标和行动方案的反馈信息及时做出相应的修正或调整，从而保证最终实现人生理想。

一、反馈与修正的必要性

在制订职业生涯规划时，由于对自身及外界环境都不太了解，导致最初确定的职业生涯目标往往都是比较模糊和抽象的，有时甚至是错误的。经过一段时间的工作后，有意识地回顾自己的言行得失，可以检验自己的职业定位和职业方向是否合适，从而为自己找到合适的职业发展方向。目前我们常常听到"先就业，再择业"的说法。许多大学生因为不了解自己也抱着这种想法，随意就业，工作一段时间后才发现自己并不喜欢也不胜任这项工作。这是因为，抱着"先就业，再择业"思想的人，很可能导致盲目地为了找一份工作而找工作，缺乏理性的选择和思考，更谈不上长远的规划。这样做的后果往往是人职不匹配，直接后果就是我们经常看到的频繁换工作，或者工作三五年后仍然业绩平平，结果耽误了职业发展的宝贵时间。因此，对这部分人来说，职业生涯规划的反馈与修正就变得尤为重要。

在职业生涯规划实施和运行的时候，由于每个人的自身条件和外部环境不一样，对未来目标的设定也有区别，并且不可能对未来外部情况了如指掌，对自己的一些潜在能力也可能了解得不够深入，这就需要在实施过程中不断根据反馈进行修正，使之符合当时的客观环境。要充分认识与了解相关环境，评估环境因素对自己职业生涯发展的影响，分析环境条件的特点、发展变化情况，把握环境因素的优势与限制，结合本专业、本行业的发展趋势，对职业生涯目标与策略等进行取舍与调整。

因此，通过职业生涯规划的反馈与修正过程，可以自觉地总结经验和教训，评估职业生涯规划，修正对自我的认知。通过反馈与修正，可以纠正最终职业目标与分阶段职业目标的偏差，保证职业生涯规划的行之有效。同时，通过评估与修正还可以极大地增强自信心，从而促进大学生职业生涯目标的实现。

总之，反馈与修正是职业生涯规划的重要环节，也是保障职业生涯规划能否实施的关键环节。只有通过反馈与修正，才能保证目标的合理性和措施的有效性，也才能最终促使大学生职业生涯目标的实现。

二、职业生涯规划的反馈

反馈就是沟通双方期望得到一种信息的回流。其实，反馈调整就是一个再认识、再发现的过程。这就要求我们时刻注意周围环境的变化，不断审视自我、调整自我，不断修正策略和目标，这个过程就是反馈评估，它可以确保大学生职业生涯规划的有效性。职业生涯规划的反馈分为两种类型，分别是正式反馈和非正式反馈。

（一）正式反馈

正式反馈通过程序化的方式进行。高校的正式反馈通常使用大学生综合素质反馈登记表。从教育学的角度来界定，大学生综合素质可划分为道德素质、智育素质、体育素质、文化素质和心理素质等五个部分。一般认为，不同高校、不同专业对大学生素质结构的要求不同。但在进行必要的单位换算和加权处理后这五部分分值可形成一个综合素质评价值。该方法又分为自评、互评、班评及综评等，这些评价满足了高校对大学生综合素质评价科学性的需求，可使大学生知道自己的哪些能力需要提高，从而改进其学习、工作表现和行为。

（二）非正式反馈

非正式反馈由大学生在日常学习、工作、交流中互相提供反馈信息。它可以由教师或同学（朋友）对其所存在的缺点或错误提出意见，还可以通过写感谢信、当众表扬或教师当面赞许等方式传递正面的反馈信息。例如，学习上相互帮助；通过上课前、寝室里的交流等取长补短；在实训课结束后马上进行总结。通过日常交流和非正式反馈，大学生可建立重要的人际交流渠道，并为职业生涯规划更加科学化提供保障。

三、职业生涯规划的修正

人生目标往往是基于特定社会环境和条件而制订或实现的，这样的环境和条件又总是在不断变化，即使确定了目标也应该及时进行修改和更新。对大学生来说，就业环境的不断变化，使我们必须不断修正和更新自己的职业生涯与发展规划。在对职业生涯规划实施结果进行阶段性评估之后，就要根据评估的结果进行目标和实施方案的修正。职业生涯与发展规划修正的内容包括职业目标的重新选择、职业生涯路径的重新设定、阶段目标的修正，以及实施措施与行动计划的变更等。

（一）实施方案修正的目的

通过评估和修正，应该达到三个目的：①决定放弃或者坚持自己的目标，并进行必要的调整；②明确影响实施效果的关键因素，对实施方案的合理性加以分析；③对需要改进之处制订调整计划，以确定修订后的实施方案能帮自己实现生涯目标。

（二）实施方案修正的内容

对职业生涯与发展规划进行修正的内容主要包括五个方面：①生涯目标的重新选择；②生涯发展路线的重新确定；③阶段性生涯目标的调整；④生涯发展目标的调整；⑤生涯目标实施方案的变更等。在此过程中，应注意回答六个问题：①你的人生价值是什么；②你有哪些知识、技能和条件；③你最感兴趣的事情是什么；④你的人格特质是什么；⑤你是否好高骛远；⑥你建立了自己的就业信息网络吗。

总之，职业生涯规划完成并实施后，我们必须对阶段性的结果进行评估，根据评估的结果找出规划与结果之间的差距，分析出差距产生的原因，有针对性地对计划进行调整，并按新调整的方案有效地围绕目标行动。

（三）修正行动计划

实施生涯规划时，必须为日后可能的计划修改预留余地，修正的依据是每次评估后反馈回来的信息。至于计划修正的时机，必须考虑三点：①以周、月或学期为单位，定期检查预定目标的完成进度及取得的效果；②每一阶段目标达成之时，要依据实际效果，修订未来阶段目标可采用的策略；③主观因素、客观环境改变会影响到计划的执行。

（四）影响修正的因素

1. 环境因素

环境因素包括社会环境、政策环境、经济环境、科技环境、自然环境、法律环境等。从宏观层面认识到职业生涯发展的局限和可能，个人只能适应而不可改变。

2. 组织环境

组织环境包括组织规模、组织结构、组织文化、组织发展、人力资源规划、人力资源管理、职业晋升、人际关系等一切与职业生涯发展有关的组织因素。要改变组织因素非常困难，但个人可以选择到最适合自己发展的组织中工作。

3. 个人因素

个人因素包括年龄、性别、学历、工作经历、家庭情况、人格等。一方面你要正确认识自己，另一方面要不断完善自己。组织和个人只能使用第一因素，正确认识和分析第二、第三因素，寻求个人发展和组织发展的最佳匹配。

四、反馈与修正的方法

在职业生涯规划实施的过程中，通过反馈与修正评判一个人的职业生涯规划是否有效，一般可以从两个方面入手：一是 PDCA 循环工作法；二是检查主体是否具有目的意识和问题意识，即对目标和风险的管理意识。

（一）PDCA 循环工作法

PDCA 循环又称戴明循环，它最初是全面质量管理遵循的科学程序，但目前已经被引入到许多管理活动领域。对职业生涯进行管理，同样应该遵循 PDCA 循环，即整个过程可以分为规划、实施、检讨与改善四个步骤。不同的步骤间紧密相连，形成封闭的循环链。当一个 PDCA 循环完成时，下一个 PDCA 循环又将开始，从而为职业生涯管理提供长期的、持续的支持与反馈。

职业生涯规划的实施与评估离不开 PDCA 循环。

P 代表计划，表示根据生涯目标的要求制订科学的计划。大学生在开始一段新的职业生涯前，最重要的事情就是要明白自己究竟想要什么。是否有保障的生活，是否有良好的学习机会，是否有新鲜的感觉，是长期经营一份事业还是积累财富准备日后创业，等等。当你明白自己真正想要的目标时，你就要为这个目标定下时间表，告诉自己一年之后应该做得怎样，两年以后做得怎样，并尽可能把目标进一步细化，把时间分得更准确。这样可以让你知道接下来该干点什么，没有目标的人只能是虚度时光，到头来一事无成。为提高工作效率，对于某一项具体的工作任务也必须有明确的工作计划。例如，工作需要做到什么程度，应尽可能用数字表示；工作所需的时间、资金、人员等，也就是成本有哪些；工作期限，即工作何时开始，何时结束，各阶段要完成什么任务；所有参与此项工作的人有哪些，主要负责人是谁，参与者如何分工等。

D 代表执行，表示实施计划。这一步对于刚刚就业的大学生来说不是问题，但却是处于事业、职业徘徊期的人最难迈出的一步。有无数人每天会产生无数的想法要改变自己的生活状态，羡慕别人的成功，又不停地对自己说，要是我在他那个位置上也会怎样怎样。需要指出的是，只有规划，没有行动是永远达不到彼岸的。不惧风险、排除风险、立即行动才能使你拥有理想中的工作和生活。

C 代表反馈，表示检查计划实施的结果与目标是否一致。每个有志于掌握自己命运的人，在工作了一个阶段后，都应该反省一下自己今天所做到的与自己的理想还有多远。如果以其他人作为参考的话，也可以了解一下自己的选择和努力是否让自己满意。拿现在的自己和过去的自己、拿自己和别人、拿现状和理想做一个比较，虽然这好像攀比，会有嫉妒、痛苦，也会有得意、自足，但这种通过不断的"自检"及时发现问题、解决问题的过程，是走向进步不可缺少的反省过程。

A 代表行动，即纠正错误，调整方向，在对以往行动的结果进行检验的基础上，对方案进行修正完善后再执行。当反省之后，你会得出一些结论，结论可能会让你满意，也可能会让你失望，但生活一直在继续，你不能总期望志得意满。但不管怎样，机会仍然掌握在你的手中。总之，要把你获得的经验和教训，带到下一个 PDCA 循环中去。

每个人的职业生涯都是一个时间长达几十年的马拉松比赛，考验的是人的忍耐力。只要你有足够的坚持，不断地改进和提升，就一定能够拥有属于你自己的理想职业与幸福生活。PDCA 循环可以使职业生涯管理向良性循环的方向发展，通过实施并熟练运用，一定能在工作中不断提高效率，并且更有效地驾驭工作，从而使自己远离惰性，成就不平凡的职业生涯。

（二）目的意识和问题意识

为保证工作的顺利进行和职业生涯目标的实现，工作者还必须具备明确的目的意识、问题意识，这也是评判其工作方法是否有效的重要标准。

目的意识就是行为主体对行动目的的认知。我们经常会看到某些人所做的很多事情与最终目标没有多大关系。这样的人工作可能很卖力，但是在衡量一个人的工作业绩时，要看其目标的实现程度与其投入成本的比较，而不是只看他的工作量。

问题意识即风险管理，其核心在于：对现阶段工作可能出现的问题具有心理准备，对可能出现的问题制订相应的防范措施。必须具备问题意识的前提基于两方面原因：

①你收集的资料不可能完全准确、齐全、客观。此外，判断本身就是一个主观行为，有可能存在偏差；②事物总是在发展变化，有些突发因素不是出现在你制订计划之前，而是在你实施计划时影响目标的实现。

在当前的职场环境中，具备问题意识十分必要。职场竞争日益激烈，就业机会来之不易，而且市场千变万化，如果没有问题意识，可能就要付出沉重的代价。如果具备问题意识，那就能够预先发现问题，并预测它的严重性，以便及时修正计划。

第三节　大学生职业生涯规划的管理

一、职业生涯管理概述

（一）职业生涯管理的定义与内涵

1. 职业生涯管理的定义

职业生涯管理是现代人力资源管理的重要内容之一。近年来，随着部分企业离职率的不断上升，职业生涯管理已成为企业寻求增强员工的归属感及企业向心力的必然要求。

职业生涯管理的定义包含五个要点：第一，职业生涯管理是组织与个人互动、互惠的人力资源管理过程；第二，职业生涯管理是系统、动态、循环的过程，它受个体主观判断与客观环境的影响；第三，组织是职业生涯管理的参与者及客观基础，个体是职业生涯管理的参与者及主体对象；第四，个人进行职业生涯管理的最终目的是个人职业生涯的成功与发展，组织实施职业生涯管理的最终目的是推动组织目标的实现与可持续发展；第五，个人的职业生涯管理贯穿其职业生涯和组织职业生涯的全过程。

广义的职业生涯管理的内涵主要是从职业生涯管理的主体、内容、目的等角度对其进行界定。第一，职业生涯管理包括组织和个人两个主体。一方面，组织从自身发展目标出发，将员工个人职业发展需要与组织目标相结合，帮助员工进行职业设计、规划、激励、开发及留住员工，从而谋求组织目标的实现和可持续发展；另一方面，员工为寻求个人发展，从个人角度出发全面认识自我与环境，以组织为依托，通过个人对组织发展的贡献实现个人职业发展目标。第二，职业生涯管理的目的有两个：一是促进组织战略与发展；二是促进员工职业发展与目标实现。第三，职业生涯管理的内容包含职业决策、职业规划、职业战略建立与实施以及职业能力与素质开发等。

2. 大学生职业生涯管理的构成

（1）大学生职业生涯管理的内涵

大学生是社会生活中的一个特殊群体，生活经历一般都不是很丰富，而大学生职业生涯管理正是针对大学生在校期间进行的，即从大一到大四的整个大学阶段，使大学生全面客观地认识自己和客观环境，确立自己的职业生涯目标和人生发展方向。相关研究认为，大学生职业生涯管理是指大学生通过辅导人员的协助，在认识自我和了解社会的基础上，确立职业生涯发展目标和人生发展方向，选择实现既定的目标职业，制订大学学习和发展的总体目标与阶段性目标，并进行执行、评估、反馈和调整的过程。

（2）大学生职业生涯管理的特点

①管理过程的连续性。大学生职业生涯规划管理具有连续性的特点。职业生涯规划管理是一项连续而又系统的工作。大学生职业生涯规划管理不仅仅是大学生毕业时才着手进行的工作与任务，而应当贯穿在整个大学各个阶段，并且分阶段、分任务逐级完成。因此，大学生从跨进大学校门开始，就应该用整体的眼光规划与管理好自己整个大学时期，从而为毕业时成功就业奠定基础。

②管理内容的多样性。大学生职业生涯规划管理是一个系统工程，在具体内容、形式、方法等方面是丰富多彩的，体现出多样性的特点。大学生所进行的职业生涯管理的具体内容包括目标管理、压力管理、情绪管理等多方面。

③管理措施的可行性。大学生职业生涯规划管理要有事实依据，要充分考虑到自身的条件和外在环境的约束，制订切合实际的生涯计划。这就需要学生加强自我认知能力，对自己进行全面客观的定位，并对外界条件进行仔细分析，选择适合自己并且能够实现的职业目标，而不能只是追求个人美好的愿望或不着边际的梦想，否则将会延误生涯良机。

④管理阶段的适时性。大学生职业生涯规划管理要根据大学生各阶段、各学期的情况特点，合理安排实施。凡事预则立，不预则废。因此各项主要活动何时实施、何时完成，都必须有时间和顺序上的妥善安排。大学生应根据自己不同的学习阶段进行相对应的职业生涯规划管理。

⑤管理计划与方案的前瞻性。大学生今后的生涯规划和即将面对的职业领域是非常广阔的，需要着眼于自己未来的全面发展。因此，大学生在自我定位和选择职业生涯发展道路之前，必须知道摆在自己面前的职业生涯道路的各种可能性，知晓未来的职业定位，考虑社会的实际需求和人生发展的规律。只有这样，才能在自我认识的基础上做好自我定位并选择一条适合自身特点的职业生涯发展道路。

（二）职业生涯管理的意义

职业生涯的规划与管理直接决定了一个人将会过一种什么样的生活，它告诉人们规划从任何时候开始都不晚。因为职业生涯是一个贯穿个体一生的教育、培训、工作的综合，是一个动态与不断变化的过程。在人一生的生涯发展过程中，大学阶段是个非同寻常的时期，它处于个体对整个职业生涯的探索阶段，在这一阶段需要为未来的职业生涯做好一定的知识、能力、心理等方面的准备。因此，实施职业生涯管理对大学生具有重要的现实意义。

1. 有利于寻找人生使命

实施职业生涯管理有利于大学生寻找人生的真正使命，开拓有意义的人生。当代大学生所面临的社会环境、就业政策等正在逐渐减少其旧有的束缚与限制，这样的环境为大学生自由选择自己的职业及未来的人生发展方向提供了更大的空间和机会。大学生可以在"衡外情，量己力"情况下，设计出合理可行的职业生涯发展方向，并一步步制订相应计划与行动，在追求目标的过程中获得成功，开拓有意义的人生。

2. 有利于职业的成功

大学生职业生涯管理的首要任务就是确立职业生涯发展目标，明确进入社会的切入点及提供辅助支持、后续支援的方式，这对今后的职业成功有很大的帮助。

3. 明确努力方向和发展目标

在传统文化的影响下，初等教育和中等教育的结果基本是为了完成高考，而在高等教育阶段，其结果是大学生进入社会并就业。而就业相对于大学生来说远远没有高考困难，一些大学生不同程度地产生松口气的想法，发展方向和目标也就显得有些模糊。大学生职业生涯管理的实施会使大学生明白在每个阶段、每个年级应该学习什么，怎么为未来职业生涯而规划与管理自己的大学生涯。

（三）大学生职业生涯管理的实施

1. 职业生涯管理的原则

职业生涯管理并不是对组织和员工进行一般的职业管理。为了实现组织和员工双赢的目标，实施科学的职业生涯管理还必须遵循一定的原则。

（1）统筹性原则

统筹性原则，即把职业生涯规划与实施看成是一个系统工程，纳入组织的发展战略，包括横向和纵向统筹两个方面。从横向维度来看，职业组织、管理者、员工都要参与，各自发挥自己的作用；从纵向维度来看，统筹性原则应该贯穿于组织工作的整个过程和员工的职业生涯。

（2）差异性原则

差异性原则，即在制订和实施职业生涯规划的过程中要充分考虑不同职业、岗位和专业之间的实际情况，有针对性地制订目标。同时，在具体到个体的时候，要充分考虑性别、年龄和个性等方面的差异，具体情况具体对待。

（3）阶段性原则

阶段性原则，即在具体实施职业生涯规划时，要充分考虑当时组织所处的发展阶段与个体所处的发展阶段，有步骤、有顺序地进行，不可形式化，更不可急功近利。

（4）发展性原则

发展性原则，即在实施职业生涯规划的具体措施的时候，要以促进自身发展为目的，把岗位实践与有效的教育、培训结合起来，使自己能够紧跟时代进步的步伐，进而在职业生涯规划中得到发展。

2. 具体实施办法

（1）高校对大学生进行职业生涯管理

高校在对大学生进行职业生涯管理时，起着重要的引导和帮助作用。

①建立学生自主选课制度。只有建立自主的选课制度，才能真正保证学生职业生涯管理的顺利实现。正是由于学分制具有很大的选择性和自主权，给予了学生较大自由度和激励，但同时其赋予学生的选择性和自主权，也不可避免地存在客观不足。因此，在利用学分制提高学生学习积极性的同时，还要给学生确立一个前进的目标，采取必要的手段来加强对学生的管理，有效地促进学生职业生涯管理的实现。一方面可以帮助学生选择专业方向，解答学生升学就业困惑；另一方面，帮助学生制订、修改学习计划，确定所选专业的课程结构及需要补充学习的内容，以保证学生的选课质量和知识结构的合理构成。

②开展大学生职业生涯辅导与教育。职业生涯辅导是一个发展变化的动态过程，它伴随着个体的身心发展而展开，其内容十分丰富，主要包括培养职业生涯规划能力及决策能力，培养个体正确认识自我及职业，使大学生具有做出合理选择的能力及开发自我潜能的能力。而且在实施过程中，不仅要关注全体学生的职业生涯知识普及教育，还要关注和尊重学生个体之间的差异，让职业生涯教育与辅导真正服务于学生个体的发展。

③健全大学生职业生涯管理的全程指导体系。大学生职业生涯管理工作应贯穿于教育的全过程，而不应是学生临近毕业选择工作时开展的临时性工作。树立职业生涯管理指导工作的全程观，就是要构建一个完善的生涯管理指导工作体系，使指导工作与学生的生涯发展愿望相结合，与学校的培养目标相结合，与社会的需求相结合。根据各年级学生的不同特点，开展从大学一年级到四年级的全程指导，使大学生正确认识自己、努力提高自己各方面的综合素质，更好地了解实际应用能力，能利用各种信息渠道来择业。具体而言，高校应采取措施，确保每阶段教学任务的完成。

④不断提升自我。除了以上所说的三点以外，大学生自己也应该不断学习，树立终身学习的观念，提高自我的综合能力和知识面，根据个人爱好、自身特点等培养自

己的社会实践能力。主动参与社会实践，体验社会生活，增加阅历与经验，而这一点正是很多大学毕业生所欠缺的。

（2）大学生实施职业生涯管理

①与社会需求相结合。大学毕业生在选择一种职业时必定会受一定的制约，选择职业的自由都是相对的、有条件的。如果择业太过理想化而脱离社会需要，将很难被社会接纳。大学生求职时应坚持社会利益和个人利益的统一，坚持社会需要与个人愿望的有机结合。所以，大学生进行职业生涯管理时，应积极把握社会对人才的需求，把社会需要作为出发点和归宿，以社会对个人的要求为准绳，既要看到眼前的利益，又要考虑长远的发展；既要考虑个人的因素，也要自觉服从社会需要。

②与所学专业相结合。大学生在校期间都会经过一定的专业训练，具有某一专业的知识和技能，这是其优势所在。大学生所学的专业都有一定的培养目标和就业方向，这是大学生职业生涯规划的基本依据。用人单位在选择毕业生时，首先选择的是大学生的专业特长，看其是否能用所学知识为企业和社会服务。但是，需要强调的是，大学生除了要掌握扎实的基础知识和专业知识外，还要拓宽知识面，掌握或了解与本专业相关、相近的若干专业的知识或技术。

③自我认知及潜能开发并重。职业环境和生涯进程不是一成不变的，职业生涯管理的目的是让大学生对职业和生涯环境有足够的适应能力和应对能力。不应只培养大学生从事某一特定的、终身不变的职业，而应培养他们有能力在各种职业中尽可能多地流动并刺激他们自我学习和培养自己的欲望。所以，大学生既要进行必要的职业生涯认知，又要在不断体验自我潜能开发的过程中领悟职业生涯发展的积极意义，适应社会的发展，了解社会变化的方向，规划和决定个体职业生涯发展的目标。

从上述论述可以看出，大学生职业生涯管理对大学生在校期间的学习及步入社会选择职业是十分重要和必要的，做好大学生职业生涯管理工作任重而道远。

二、大学生职业生涯管理的内容

大学阶段是人生的重要时期，根据研究者的生涯发展论的阶段划分，大学阶段处于探索期的过渡和尝试阶段。在这个阶段有很多东西要学，有许多事情要做。大学生只有明确大学阶段生涯发展的任务和重点，并为之积极努力奋斗，才能为自己今后的职业发展做好铺垫。如果将人生比作是一件工艺品打造和展示的过程，那么大学时期就是这件工艺品的完善和定型阶段，是塑造工艺品完美品质的前提条件，将为下一步精雕细琢奠定基础。如果在这个阶段没有打好基础，大学生职业生涯必然会受到影响。在当今充满竞争的环境下，职业生涯管理的重要性越来越凸显。因此，在校大学生掌握职业生涯管理能力、积累职业生涯管理经验就变得极为迫切和重要。具体包括目标管理、时间管理、压力管理、情绪管理、人际关系管理等。

（一）职业生涯规划的目标管理

一个人没有目标，就没有前进的方向和动力，而有了目标，不进行科学的管理，也等于没有目标。因此，作为一个新时代的大学生，我们不仅要树立远大的理想，形成一个有联系、有机的系统目标，而且要对目标进行科学管理，分阶段、分层次组织实施，才能使人生理想变为现实。

1. 目标定位和分类

为了帮助大学生准确把握大学时期应实现的目标，并且科学制订目标，需要对大学生职业生涯规划目标进行定位和分类。

（1）目标定位

目标定位是指大学生根据社会期望和自身发展的需要，确立奋斗目标和发展方向的过程。横向上涵盖了大学生知识、能力、素质等方面的发展目标定位，纵向上大学生在各个年级、各个时期都应有自己的近期、远期目标。可以说，目标定位是大学生成长的出发点和归宿，它影响着大学生成长的整个过程。

大学生在确立自己的目标时，应充分考虑社会对大学生能力和素质的普遍要求，同时要考虑专业发展方面的要求，在培养自己沟通和表达能力、协调和管理能力、知识运用和动手能力、预测与决策能力、创业创新能力等基本能力的基础上，以专业为突破口，学好专业基础知识，在实践中验证所学知识，并在应用中促进专业知识的学习和把握。

（2）目标分类

按时间长短分为短期目标、中期目标、远期目标等。按目标内容分为理论学习目标、实践训练目标、活动参与目标等。按目标支撑逻辑分为专业学习目标、职业目标、人生目标。大学生应统筹考虑，分模块设计目标，将近期、远期目标结合，确定人生目标。确立目标后，放眼大目标和远期目标，着手小目标和短期目标。就大学生而言，应按照学校的培养方案和培养目标，清楚大学阶段需要完成的学业，以及需要具备的各项能力和素质，然后借助学校资源建立自己的目标体系。

2. 确立科学目标

科学、合理的目标定位既可以为大学生的自我发展提供导向，也有利于调动大学生的积极性、主动性和创造性。科学、合理的目标应该具有以下特征。

（1）完整性

人生目标需要涵盖生活的各个层面。例如一个拥有大量财富的人需有强健的体格才能享用这些，只有健全的人才能真正享受美好、快乐的人生。人生是一个连续发展的过程，也是一个由个体与环境交互作用而产生生理、心理改变的过程。其发展方向大致有六个：认知发展、生理发展、身体发展、社会发展、情绪发展、人格发展。认知发展偏重于心智的活动——思考、知觉、记忆、注意力、语言等；生理发展偏重于遗传、神经、荷尔蒙与行为的关系；身体发展偏重于身体的改变；社会发展着重于个人与他人、环境的互动；情绪发展着重于个人的情感表达；人格发展则着重于个人的特质。

（2）具体化

目标应当尽量清楚、具体化，不能太笼统。例如，一个英语成绩不好的大学生想要改变学习落后的状况，他给自己设立了这样的学习目标："我英语一定要取得好成绩"。这个目标是含糊的，不具体、无法量化的目标具有虚假性，无法评估。

（3）合理性

目标必须合理，不实际的目标只会给自己造成不必要的压力和挫折。难度太高的或不切实际的目标是不合理的、不科学的目标，例如，每日锻炼 10 小时的身体或者背 5 小时的英语单词就不合理。目标并非确定后就不再更改，随着对目标的了解，可能需要对目标做一些弹性的调整。如果目标确实行不通，那么就要尝试去订立另一个目标。

3. 目标的管理

目标确定后，需要对目标进行管理。目标管理主要是对确立的目标进行分解，对目标进行评估，分出主次和先后顺序，以便逐步实施。同时，要适时对完成效果进行评估，并根据情况调整下一步实施方案。

（1）划分目标

一个大目标往往让人不知道从何处入手，或者在追求目标的过程中缺乏信心，因此，可以将目标分类进行划分。具体方法是：当目标确定后，第一步是在纸上列出达到目标所要具备的能力、技术或条件等；第二步是规划获得这些能力、技术和条件所需的时间，然后将第二步骤的结果安排在长期、中期、短期及每日的计划中，那么今后就不必担心是否能完成终极目标。

对长期目标进行划分，核定每天应该完成的工作量十分必要。因为一个完整全面的目标不可能一蹴而就，如果不做划分，就会因为目标的长期性和艰巨性而丧失完成的信心和坚持的勇气。目标划分并非仅适用于长期目标，即使是短时间内需要完成的目标，也可分为长期、中期、短期目标，这种分类是相对的。可以计划好完成每一阶段的时间，把每完成一个阶段的工作当作对自己的一次鼓励与反馈，促使自己向下一个目标迈进。这样，将目标分为若干阶段，既可以理清思路，掌握实现目标的节奏，减轻开始着手实现目标时的压力，也有利于保证高效、高质量地实现目标。

（2）评估目标

太多的目标会分散有限的时间、精力，影响最终目标的实现。然而面对众多目标，又该如何取舍呢？有人提出了 ABC 分类法，即把工作根据其重要性定出工作优先序列表。首先在纸上列出所有的工作，然后逐一评估各项工作，在重要的工作前标上 A，次重要的工作前标上 B，不重要的工作前标上 C。当完成目标分类的工作后，再将 A 类中的工作依照其重要性进行排序，因为所有的工作不会具有同等的价值，至于 B、C 类的工作可以暂时搁置。

（3）监控目标

抓住重点目标后，要对目标的实施过程和效果进行审视。我们生活在一个多维而复杂的社会环境中，很容易受到生活环境的影响，可能会偏离主要目标，可能陷在日常琐碎事务处理中，可能因为环境的影响产生了消极情绪等。我们要适时对重点目标的进程进行监控，当偏离主要目标时要纠正；当遇到日常琐碎事务时，要及时快速处理；当情绪受到影响时，要尽快调整，及时回归正常状态。目标监控过程中要有量的陈述，如完成多少、百分之几、达到什么级别等，还需要有时限，否则就很容易被遗忘。

（二）职业生涯规划的时间管理

1. 时间管理的含义

时间管理是指在同样的时间消耗情况下，为提高时间的利用率和有效性而进行的一系列的控制工作。从某种意义上说，时间管理就是对个体资源和自我行为的管理。

2. 时间管理的原则

时间管理的目的是在最短时间内实现更多想要实现的目标。把要实现的若干个目标写出来，找出一个核心目标，并依次排列重要性，然后依照目标拟定详细的计划，并依照计划进行。把自己所要做的每一件事情都写下来，列一张总清单，这样做能随时明确自己手头上的任务。接下来在列好清单的基础上对目标进行切割。①将学年目标切割成学期目标，列出清单，每学期要做哪些事情；②将学期目标切割成月目标，并在每月初重新再列一遍，遇到有突发事件而更改目标时应及时调整；③每个星期天把下周要完成的每件事列出来；④每天晚上把第二天要做的事情列出来。

绝大多数难题都是由未经认真思考的行动引起的。在制订有效的计划时每花费一个小时，在实施计划时就可能节省 3~4 小时，并会得到更好的结果。生活中肯定会有一些突发事件和迫切需要解决的问题，如果发现自己天天都在处理这些事情，那表示你的时间管理并不理想。成功者往往花最多时间在最重要但不是最紧急的事情上，而一般人往往将紧急但不重要的事放在第一位。假如每天能有一个小时完全不受任何人干扰地思考一些事情，或是做一些最重要的事情，这一个小时可以抵过一天的工作效率，甚至可能比三天的工作效率还要好。另外，假如价值观不明确，就很难知道什么是最重要的，也就无法做到合理地分配时间。时间管理的重点不在管理时间，而在于如何分配时间。如果你有一整天的时间可以做某项工作，你就会花一天的时间去做它。而如果你只有一个小时的时间可以做这项工作，你就会更迅速有效地在一小时内做完它。我们也可以列出当前所有你觉得可以授权别人做的事情，把它们写下来，让他人去做。如果我们在一段时间内专注于做同类事情，效率会比较高，因此，同类事情最好一次做完。

3. 时间管理的方法

（1）帕累托原则在时间管理中的运用

在有限的时间和资源下实现目标最大化，是高效管理者工作的重要原则。时间是实现目标的重要因素之一，为了对时间进行更好的管理，我们引入帕累托原则。这一原则是说在任何一组工作之中，最重要的通常只占一小部分，因此对重要但只占少部分的工作必须分配更多的资源，更注重对它的管理。在时间管理中运用帕累托原则有助于将一大堆需要完成的工作列出优先次序，从而能够集中精力高效完成。

（2）坐标法在时间管理中的运用

一个人在同一时间处理两个以上的任务是一件极为困难的事情，一直保持高效更是难上加难，因此我们应把时间花在重要的、必须做的事情上，而不是那些并非必须要做的事情上。

如果以"轻—重"为横坐标，"缓—急"为纵坐标，我们可以建立一个时间管理坐标体系。把各项事务放入这个坐标体系，大致可以分为四个类别：重要且紧急、重要不紧急、紧急不重要和不重要不紧急。我们通常会把紧急的事情放在第一位，但这不是管理时间的有效办法。在最初，我们可能会做"重要且紧急"的事情，但应避免习惯于"紧急"状态，否则，我们会转而去做那些"紧急不重要"的事情。这样一来，我们就没有时间去做那些"重要不紧急"的事，而这些事往往有着更深远的影响。将大部分时间花在"重要不紧急"的事情上，可以避免在事情变得紧急后疲于应付。

（三）职业生涯规划的压力管理

1. 压力的定义及两面性

（1）压力的定义

心理学家对压力的定义为：当你的能力和资源不能满足环境要求的时候所感觉到的紧张和不安。哲学家对压力的定义为：当你必须做一些以前未曾达到、未曾做过的事情时，你感觉到的紧张和克服这种紧张的力量。心理学家让我们看到现在，而哲学家使我们看到未来。当然，研究压力不仅仅是为了了解压力本身，更是为了战胜压力。

（2）压力的两面性

很多人都不喜欢有压力，但实际上，压力并不完全是消极的东西，它也是最好的良药，提示着我们人生的意义就是不断挑战自己、超越自己。显而易见，压力如果对我们是适当的，对我们的不断成长就有益处，而压力长期处于不足或过大状态的话，对我们的身心就有伤害。所以，我们应当正确看待压力，把压力控制在我们能够承受并对我们有益的范围内，让压力成为我们成长的有益辅助。

2. 大学生成长面对的压力

大学生既是承载家长高期望的特殊群体，也是承载社会高期望的特殊群体。在最终成才、体现自我价值等主观愿望方面，大学生具有一定的普遍性。从心理学的角度讲，当代大学生主要面临以下四个方面的压力。

（1）学习压力

学习是大学生群体最基本的任务，四年的学习持续时间很长，大学生不仅要学习专业课程，还要参加各种培训。过多的学习安排、过重的学习任务，都给大学生带来巨大的压力。另一方面，父母们对自己孩子的成才都有较高的期待，这也给大学生带来很多有形的和无形的压力。

（2）生活压力

生活压力主要来自两个方面：一是经济压力。学生上学的费用一般来自家庭，对于家庭经济比较困难的学生来说，这是不小的负担。此外，来自贫困家庭的学生，与来自富裕家庭的学生在消费方式、消费观念方面的不同，也易使贫困学生产生心理失衡。二是自理压力。目前大学生多数是独生子女，认为好好学习就是一切，长期忽视应该具备的基本生活技能。因而不少学生缺乏自理能力，很多学生不会或不善于独立生活和为人处世。当面对挫折和新的环境，往往缺乏相应的自我调节能力，这给他们造成了一定的压力。

（3）就业压力

竞争择业、竞争上岗、适者生存、不适者淘汰，整个社会都处于激烈竞争之中。面对终将踏入的竞争激烈的社会，不少大学生都会有一定程度的心理恐慌。就业已经成为大学生普遍关注的话题，也是形成大学生心理压力最主要的来源之一。

（4）人际关系压力

从中学到大学，学习方式、学校管理方式有很大不同，来自五湖四海的大学生的文化背景、生活习惯都不同，大学生面临全新的人际关系问题。此外，大学生恋爱现象出现，而心理、为人处世能力还不够成熟的大学生，碰到感情出现问题时，往往不知如何处理。

3. 大学生进行压力管理的方式

压力管理可分成两部分：第一是直接处理压力源造成的问题本身；第二是处理压力所造成的反应，即情绪、行为及生理等方面的排解。

（1）压力问题处理

通常，大学生在面对自己无法顺利处理的压力问题时，通常采取不太理想的方式，如逆来顺受、逃避、紧张或鲁莽行事等。但是，这样的处理方式往往无法有效处理问题，有时还会惹来更大的麻烦。由于问题处理过程关系到压力的调节，一旦处理过程出了问题，压力严重程度可能增加或者持续时间更长，从而导致严重的情绪、生理及行为伤害，甚至导致各种身心疾病的发生。

较理想的处理态度为冷静面对问题并解决它，解决压力问题的标准步骤如下：①认清压力事件的性质；②理性思考及分析问题事件的来龙去脉；③确认个人对问题的处理能力；④寻求能帮助解决问题的信息，包括如何寻求家庭及社会支持；⑤运用问题解决技巧，拟定解决计划；⑥积极处理问题；⑦若已完全尽力，问题仍无法在短时间内解决，则表示问题本身处理的难度很大，有可能需要长期奋战。此时除了需要培养坚忍不拔的斗志之外，可能还需要其他的精神力量支持。

（2）压力反应处理

无论问题处理的结果如何，处理过程所产生的压力都会使身心出现明显的反应，因此如何适当处理身心的反应，也是压力管理中相当重要的一环。

①情绪纾解。情绪的不适当表现常会干扰问题的解决过程，甚至会使问题本身恶化。如何有效纾解情绪，成为问题处理过程中一个重要的环节。在接受任何形式的心理治疗初期，纾解情绪都是最重要的步骤，只有如此，才有办法逐渐进入问题的核心。情绪纾解的方法包括：一是接受情绪经验的发生。情绪经验的发生是相当正常的，因此觉察自己的情绪并接受自己情绪的过程，会使自己正面看待情绪本身，而采取较为适当的行动。如果不能正视情绪的存在，反而可能被情绪所困扰。二是情绪调节。适当宣泄情绪，有助于恢复思绪的平衡，另外也可以在不干扰别人的前提下，把情绪适当宣泄出来，以避免在解决问题的重要时刻把不适当的情绪表露出来。

②正向乐观的态度。在处理压力问题时会遇到困难，如果这是因为自己的能力不足造成的，那么整个问题的处理过程就会成为提升自己能力的重要机会；如果是环境或他人的因素造成的，则可以理性沟通解决，如果无法解决，则尽量以正向乐观的态度去面对。

③生理反应的调和。当一个人在沉思冥想或从事缓慢的松弛活动时，在体内会产生一种宁静气息，使得心跳、血压及肺部氧气的消耗降低，而使身体各器官得到休息。对于常常不自觉地使自己神经紧绷，甚至下班后仍满脑子工作压力的人而言，这是非常好的休息方式。另外，处于压力状态时，运动是使生理反应平静下来的有效方式。因为压力会促使肾上腺素分泌及流动性增加，而运动则可以降低其作用。因此，形成规律、适当的运动习惯，是对抗压力相当重要的方式。

（四）职业生涯规划的情绪管理

情绪是人类复杂的心理现象之一，常常令人捉摸不透。当我们处于某种情绪状态中，有时会不知所措，表现出驾驭情绪能力的软弱性。大学生正处在心理成长的重要时期，情绪特征更加明显，面临的问题亦更加多样化。

1. 情绪的概念

情绪一词常出现在生活中，人们在认识和理解这个词时并不会感到困难或产生分歧和误解。例如，我们观看一场扣人心弦的体育比赛时会感到兴奋和紧张，失去亲人时会感到痛苦和悲伤，完成一项任务或工作后感到喜悦和轻松，受到挫折时会感到悲观和沮丧，遭遇危险时会感到恐惧，工作不称心时会感到不满，美好的期望落空时会感到失落，面临紧迫的任务时会感到焦虑。这些感受上的各种变化就是我们通常所说的情绪。

2. 大学生的情绪特点

大学生正处于青年期，具有青年人共有的情绪和情感特征。由于大学生群体独特的心理发展特点及生理状况，其情绪和情感又具有鲜明的特点，这些情绪特点又导致大学生产生某些不良情绪甚至情绪障碍。

（1）情绪的波动性

大学生的情绪起伏波动较多。这主要表现在两个方面：一是大学生的情绪在两极间变化频繁。人际关系的变化、学习成绩的好坏都可能引起情绪的变化，从而使大学生的情绪时而高涨，时而低落，从一个极端转为另一个极端。二是大学生常常表现出莫名其妙的情绪波动。产生这种波动主要是由于大学生的社会活动范围不断扩大，影响情绪的各种因素大量出现，如人际关系、学习成绩、恋爱等。这些因素所引起的情绪有些是能够被意识到的，而有些则未被自己所意识，但也会导致情绪的波动。

（2）情绪的冲动性

心理学家曾称青年期为"疾风怒涛"期。大学生的情绪具有强烈性、爆发性和易激动性特征，即冲动性比较强。同样的刺激，对成年人来说，可能不会引起明显的情绪反应，但却能引起大学生强烈的情绪反应。他们对各种事物比较敏感，反应迅速，遇事容易冲动。

（3）情绪的丰富性

从自我意识的发展来看，大学生有较多的自我体验、自我尊重的强烈需要，易产生自卑、自负等情绪；从社交方面看，大学生的社交更细腻、更复杂，对友谊有了更深层次的理解，有的大学生还开始体验一种更突出的情感活动——恋爱，而恋爱活动往往又伴随着深刻的情感体验，这种特殊的体验对大学生有十分重要的影响；从社会实践活动来看，大学生通过各种活动了解社会，学习社会的道德规范，对自己的身份、角色、志向、价值等问题有了更深入的思考，确立了正确价值观，同时其美感、集体荣誉感等也有所发展。

（4）情绪的情景性

大学生的情绪容易受环境的感染，一定的刺激在特定的环境下会引起强烈的情绪反应。一旦满足自己需要的刺激出现，大学生就显得十分高兴；反之，就显得十分沮丧。

3. 大学生调节情绪的方式

（1）情绪智力的培养

情绪智力是一个人把握与控制自己情绪的能力；了解、疏导与驾驭别人情绪的能力；乐观看待人生、自我激励与自我管理的能力；面对逆境与挫折的承受能力；人际关系的处理能力及通过自我调节不断提高生存技能的能力。人的智商与情绪智力相互制约，互相促进。

现代心理学的研究成果表明，在决定一个人成功的要素中，智力发挥20%的作用，而80%是情绪智力。仅仅是高智商，难以成就大业，只有智商和情绪智力都高的人，才能在现代社会里自由翱翔。古今中外，无数实例反复证明：良好的心理素质是一个人成败的决定性条件。情绪智力教育是人生修养的重要内容，能使我们在工作学习中乐观开朗，能使我们在人际交往中更具魅力，更能使我们自我激励，从而把许多"不可能"变成现实。培养大学生的情绪智力可以从以下几个方面入手。

①提高修养水平。胸怀宽广、度量宏大的人，能把注意力集中在对人生更有意义的事情上，能从全局和长远的角度看待问题，不会因眼前琐事或蝇头小利而斤斤计较，不会为一时一事的得失成败或起伏变幻而冲动。

②培养容人之心。要想遇到不顺心的小事时能保持心平气和，必须养成能原谅别人缺点和过失的气度。待人接物，不能过于苛求，否则只会把自己孤立起来。再说生活中令人烦心的琐事是很多的，没有一点容人的气度，是很难做成大事的。

③增强适应能力。生活有酸甜苦辣，生活有喜怒哀乐，生活有进退成败，生活有得失荣辱。大学生如果不能适应生活的变化，情绪就必然会消极、低沉。只有具备了足以适应它的能力，才能坦然处之，理智对待。

④学会转换心情。生活中不愉快的事情总是有的，当这种事情发生时，不要老是去想它，忧思苦愁无济于事，不如丢开它，去做、去想一些能转换心情的事情。如果老是耿耿于怀，不仅于事无补，反而会使不良情绪不断蔓延，日益加重。

⑤加强自我激励。进行自我激励，首先要有适当的目标。适当，就是要贴近自己的生活，符合自己的实际情况，因为只有那些看得见的、通过努力能实现的目标更易让人树立信心。同时，在实现目标的过程中，必须紧盯目标，不断向既定目标迈进，

不因挫折半途而废。其次要有自信心，相信自己的能力，坚定地认为自己能行，把"我能行"的信念深深植入心中。

（2）做自己情绪的主宰

我们可以通过调节自己的思想来调节自己的情绪。如果我们把思想集中在事情的积极方面，我们就会产生积极情绪；如果我们把思想集中在事情的消极方面，那我们就会产生消极情绪。心理学家通过理论研究和实践验证，创立了许多行之有效的情绪自我调节方法，大学生可根据自己的情况有选择地加以使用，从而主宰自己的情绪。

①理性情绪法。理性情绪法认为，人有理性和非理性两种信念，信念指引下的认知方式会影响人的情绪。人的消极情绪产生的根源来自人的非理性观念。要消除人的消极情绪，就要设法将人的非理性观念转化为理性观念。大学生在运用理性情绪法时，应首先分析自己有哪些消极情绪，从中概括出相应的非理性观念，对比两种观念状态下个人的内心感受，鼓励自己向理性观念方面转化，从而有助于排除不良情绪。

②延缓反应法。延缓反应法是通过有意识地延缓自己的行为反应来提升自控能力。一个人在即将做出冲动的反应时，若能延缓自己的情绪反应，就能赢得思考的时间。而经过思考，哪怕只是很短时间的思考，也常常能改变原来凭直觉对情境所做的不正确的评价和估量，使人从惊慌和气恼等情绪状态中解脱出来，避免由于做出不适当的反应而导致不良后果。运用迟缓反应法，训练自己在感情冲动时有意识地克制自己的情绪，以赢得思考的时间，是提升自控能力的有效途径。

③自我宣泄法。因挫折造成焦虑和紧张时，消除不良情绪最简单的方法莫过于"宣泄"。切忌把不良心情埋藏于心底，焦虑隐藏得越久，受到的伤害就越大。较妥善的办法是向亲朋好友倾诉，求得安慰、疏导。但是，一定要注意场合、身份、气氛，注意适度有节，而且宣泄应是无破坏性的。

④放松训练法。放松训练法是一种通过练习学会在心理上和身体上放松的方法。由于心理压力和生活方式的变化，一些大学生心理应激水平高，心理冲突强度大，挫折体验多，极容易引起消极的身心反应，如头痛、睡眠障碍、焦虑、恐惧、烦躁、冷漠、悲观等。放松训练可以帮助大学生减轻或消除不良的身心反应，且见效迅速。

⑤矛盾取向法。矛盾取向法是在进入或摆脱某种情绪状态的强烈愿望无法实现时，故意反其道而行之的方法。我们常会有这样的经历：当你急于进入或摆脱某种情绪状态时，越急越容易带来相反的结果。例如，越想尽快平静下来，越平静不下来；越想别慌，慌得就越厉害。这种情况使我们想到：既然过于强烈的愿望会带来完全相反的结果，那么是否可借助相反的愿望来实现原来的愿望呢？心理治疗的实践证明这种可能性是存在的。

（3）建立积极的自我意象

自我意象就是关于"我是什么样的人"的自我想象，是人们给自己画的一幅心理肖像。你把自己看成什么样的人，你就会按那种人的方式去行事；你对自己有什么评价，你就会不断地去寻找各种事实来证实那种评价。你的所作所为、所感所想，常常是与自我意象相一致的。同样，我们对自己的情绪活动也有一个类似的自我意象。如果你回想一下自己的情绪经历，就会发现，你的情绪表现和体验常常与你对自己的看法相一致。要想调节、改变自己的情绪活动，使自己成为情绪上有修养的人，必须建立积极的自我意象。具体来说，可以从以下两个方面入手。

①从想象和装扮入手。一位著名的滑稽演员，年轻时有羞怯的毛病，与人谈话支支吾吾，极为胆怯，甚至不敢向行人问路。为此，他吃尽了苦头。后来他终于找到了办法：同陌生人谈话时，自己就装扮成一个显赫的重要人物，用同这个人物身份一致的语调说话。不久，难为情、拘谨、羞怯的毛病在交际中不再出现了，而且，朋友们很快注意到，他模仿别人太像了，并收到令人欢乐的滑稽效果。

他的改变验证了心理学中的一重要原理：装扮一个角色会帮助人们体验到他所希望体验到的情绪。当你装扮成一个你所希望成为的人物时，你就会有意无意地用相应的标准来要求自己，并按相应的行为方式行事。

②把注意力集中于成功的经历。这是建立积极的自我意象的另一个重要方法。积极的自我意象意味着对自己的积极评价，而积极评价来源于成功的经历。因此，把注意力集中于成功的经历，养成记住成功而不拘泥于失败的习惯，是建立积极的自我意象的重要途径。

（五）职业生涯规划的人际关系管理

在现代社会中，人与人之间的关系更加密切，和谐关系的形成、友谊的建立、事业的成功，都需要通过良性的人际关系来实现。人际关系的管理能力是现代人重要的素质能力，也是影响一个人能否适应社会、成功步入职场的重要条件。大学生正处在即将迎接社会挑战的重要时期，保证自身身心健康、培养和谐人际关系，是适应社会的需要，更是职业发展的深层次需求。

1. 和谐的人际关系

对于刚进入大学的新生来说，只有处理好各类人际关系，才能为自己的健康成长营造良好的人际环境。

（1）正确认识人际关系

人际关系是指社会人群中因交往而构成的相互依存和相互联系的社会关系，属于社会学的范畴。人际关系对每个人的情绪、生活、工作都有很大的影响。对于初涉社会的大学生来说，要学会针对不同类型的人际关系采取不同的人际交往方式，努力培育健康和谐的人际关系。

①认清人际交往与成长的关系。大学期间，大学生的中心任务只有一个，就是勤

奋、刻苦、广博地学习，以便为今后进入社会打下扎实的基础。之所以要建立和谐、健康的人际关系，主要目的是为这个中心任务服务的，而当离开校园步入社会，开始职业生涯时，良好的人际关系又将有利于职业生涯的顺利发展。在校期间应该注意建立良好的师生关系与同学关系。

②增强处理人际关系的能力。相比于中学阶段，大学生处于更加丰富的人际关系中，但由于社会阅历缺乏，心理尚未完全成熟，是非往往难以辨别，还不具备把握和妥善处理复杂人际关系的能力。因此，应该勇于面对各类人际关系，学会在实践中逐步扩大交际范围，学会在谨慎中加深密切交往，增强处理复杂人际关系的能力。

③建立真诚和谐的人际关系。大学期间，大学生面临各种各样的人际关系，形成了各不相同的人际关系网络。从自身素质全面发展的角度说，只有建立了健康和谐、平等友爱、团结互助、共同进步的人际关系，才能有利于提升自己的综合素质，增长协作、合作能力。

（2）如何建立和谐的人际关系

大学生需要处理的人际关系主要有师生关系、同学关系和家庭关系三种。

①师生关系。在校园中师生关系是一种重要的人际关系。教师是向我们传授知识、答疑解惑、培养技能，帮助我们提高素质、不断成长的重要人物，师生关系是普遍存在的一种人际关系。但随着大学生自主意识的完善、独立意识的增强，会出现与大学教师在学术观点、思想观念等方面的分歧，还有可能与教师发生矛盾，导致师生关系的紧张。作为大学生，应该以一种成熟人际交往的方式与教师沟通，既要大胆主动，不失自己独立的个性，又要礼貌谦逊，显现出自己谦虚的品质。这样，和谐的师生关系自然会形成，也能为步入职场、走进社会积累与领导、长辈交往的经验。

②同学关系。同学关系是大学生面临的最广泛的人际关系。同学关系中主要是班级同学的人际关系、宿舍室友的人际关系，以及不同系别、不同年级同学间的人际关系。班级是我们生活的大家庭，这个集体中的每个成员都有着不同的性格、脾气、秉性和兴趣爱好，能够与大家相处融洽，营造团结友爱、互助上进的良好人际环境，既对自己身心健康成长有利，又能激发学习热情，使综合素质和道德品质得到提高，同时也为步入职场后如何与同事相处打下了良好的基础。

室友关系是大学生人际关系中最直接的形式，室友要朝夕相处地生活在一起，这就更需要以真诚、宽容、平等、互助的态度与之交往，适度改变自己，更多体谅、适应别人，轻松友爱的宿舍氛围就会出现。在与不同系别、不同年级的同学相处中，只要遵循人际交往原则和人际交往方法，就可以使自己成为一个"受欢迎的人"，而且也能扩大交友空间，为将来职场打拼储备成功的人际资源。

③家庭关系。家庭关系是最基础的人际关系。家庭中，长辈、父母是我们最尊重也是最应感谢的人，在我们的成长、发展过程中，是他们给予了我们无私的爱与培养。

随着我们的成熟与独立，对他们的依赖减弱了；又因为求学与忙碌，与他们的沟通减少了；知识的不断积累，又使部分同学与长辈、父母的共同语言少了。个别学生家庭关系冷漠，只有在需要父母出资、出力的时候，才与他们进行"感情的交流"。如能很好地处理家庭关系，对今后的成长发展是很有裨益的。

2. 人际关系管理与成长

良好的人际关系对于大学生的自身成长、步入职场、实现人生价值，起着举足轻重的作用。

（1）人际交往的内涵

人际交往通常是指人们在特定的环境条件下，以一定的方式彼此接触、交流和沟通，从而在心理上和行为上发生相互影响、相互作用的过程。在社会生活中，我们以人际交往为中介，将知识、经验、行为、思想、情感内化为思想意识。在人生旅途中，不仅物质需求的实现依赖于人际交往，而且深层次精神需要的满足也需要通过人际交往来实现。

（2）大学生人际交往的意义

一个人在事业上取得成功的要素虽然很多，但不可忽视的一个重要因素就是良好的人际关系。在校期间，我们会重视专业知识的积累、实际操作能力的增强、创新意识的培养，这些都为事业的成功发展打下了基础。但是学会与人交往，建立良好的人际关系也是大学的必修课之一，其现实意义非常重大。

①良好的人际关系有利于身心健康。心理学家和社会学家的大量调查表明，在现实生活中，善于交往、拥有许多朋友的人往往是健康乐观、积极向上的人。大学生涉世不深、阅历尚浅，情绪不稳、压力较大，容易在困难面前束手无策，在矛盾面前引发冲突，也常常会被恐慌、孤独、苦恼、忧愁等情绪困扰，由此产生自卑感、孤独感。此时最需要的就是与亲人、朋友进行沟通以排忧解惑，得到情感上的调节及心绪上的疏导。通过人际交往，在亲情与友情中，我们的精神生活更加丰富，得到他人的帮助、指导更加及时，受到别人的尊重、信任、理解的机会也就更多。乐观开朗、积极向上的精神面貌会受到师生的欢迎，还会为我们将来步入社会、迎接挑战做好充分的心理准备。

②良好的人际关系可以集聚团队力量。很多故事告诉我们，个人的力量是微不足道的，只有团队集体的力量才是无穷的，而这个力量的获得只有通过人际交往才可以实现。团队成员在人际交往中建立起来的感情和信任、体谅，使大家结成了强有力的集体，在这个集体中，大家共同协调合作，能克服个人能力不足的缺憾，能战胜难以想象的困难，也能共同体会相伴成长的喜悦，共享集体智慧带来的成就，这一切都需要广泛的人际交往。步入社会后，大学学习期间形成的良好人际关系既为我们储备了合作伙伴，同时又能为我们积累丰富的人际交往经验。

③良好的人际关系是事业成功的有力保障。在当今社会中，事业的成功离不开人际交往。良好的人际关系来源于成功的人际交往。积极的人际交往可以形成友好合作、相互促进的氛围，获得他人的友谊和支持以及更多的知识与信息，争取更多的事业成功的机遇，与此同时，个人的潜能也会被激发出来。可见，积极的人际交往不仅有益于在校期间的学习与生活，而且有益于调整好步入社会前的行为和态度，使我们具备有助于事业成功的交流能力。

3. 培养人际交往技能

我们生活在一个经济、信息全球化的时代，人际联系十分紧密，人际间的互动频率较高。随着社会的开放，对人际交往技能的要求越来越高；随着经济的发展完善，需要主动交往的意识越来越强；随着信息传递的发展，我们对他人的依赖程度也越来越强。因此，不断增强人际交往的技能，是当今时代人才素质的重要组成部分。

（1）职业需要的人际交往技能

①做个受欢迎的人。在短时间内易于结识很多人并具有吸引力的人，都普遍具有良好的自我表现和自我认识能力。要告诉自己"我是一个受欢迎的人，我喜欢与人交往"，带着这样的心态与人交往，往往会更加开放坦然、轻松自如。对方在感到亲切自然的同时，也会被我们的情感所感染而随之发生改变。

②主动热情。"热情"往往是最能打动人、对人最有吸引力的特质之一。一个充满热情的人会通过人际交往把自己好的情绪传染给别人，大家通常愿意接受面带微笑的人。大学生要做到热情，首先是要先让自己高兴、愉快起来，学会快乐做事、微笑待人，通过行动让他人感受到你心中的热情。在交往中我们会发现，一个专注于希望别人对自己感兴趣的人，往往是没有很多朋友的；而真心喜欢别人的人，会拥有很多人对他的喜爱，这都是相互的。我们身边的同学身上其实有很多的优点，压力和忙碌有可能让我们一时间变得冷漠与疏远、自卑与无奈，但是只要生活中充满热情的微笑，不仅会让自己充满阳光，还会使自己成为别人喜欢的人。

③喜欢他人。人际交往的成功与否，在一定意义上，也取决于别人在你心中的地位。要真心喜欢他人，发掘他人的优点，将对方看得很重要，在交往中就会更加主动热情。时常关心帮助对方，对方也会深深地体会到这一点而更加亲近、信任你，人际交往就会良性循环，交往的范围也会扩大。反之，交往中若带有太多的功利与目的性，没有把对方放在心里，甚至在交往过程中以暴露别人的"缺点"来显示自己的聪明，以此引起别人的注意和好感。这样做不仅事与愿违，而且伤害了别人的自尊，会引起对方强烈的反感。因此，把每个人都看成是重要人物，真心喜欢他人是大学生人际交往中的重要技巧。

④学会倾听。很多大学生认为，谈话交流就是表露自己，所以"说"是最重要的，

其实不然，"说"只是一方面，"学会倾听"也是谈话中重要的技巧。有位作家说过，很少人能经得起别人专心听讲所给予的暗示性赞美。所以，倾听是谈话中非常重要的方面。倾听不是被动接受，而是通过语言和表情传递给对方你的理解和感受，以此鼓励对方谈论自己，告诉对方"我是你的忠实听众"。学会倾听是赢得友谊的重要品质，是改善人际关系的重要基础。当然，交往是双向的，也应该重视自我表达的技巧，适度地展开自己的话题，这样才会引起对方的兴趣和好感，获得积极的反馈，活跃谈话氛围，增进友谊。

（2）大学期间人际关系管理的方法

①以诚待人，以责人之心责己、以恕己之心恕人。对别人要抱着诚挚、宽容的胸襟，对自己要怀着自我批评、有过必改的态度。与人交往时，你怎样对待别人，别人也会怎样对待你。这就好比照镜子一样，你自己的表情和态度可以从他人对你流露出的表情和态度中一览无余。因此，当你想修正别人时，你应该先修正自己；你想别人怎么对你，你就应该怎么对人；你想他人理解你，你就要首先理解别人。

②培养真正的友情。大学生如果能做到第一点，很多大学时的朋友就会成为你一辈子的知己。在一起求学和寻求自身发展的道路上，这样的友谊弥足珍贵。好朋友有很多种，如乐观的朋友、智慧的朋友、幽默风趣的朋友、激励你上进的朋友、提升你能力的朋友、帮你了解自己的朋友、对你说实话的朋友等。

③学习团队精神和沟通能力。学校社团是微观的社会，参加社团是步入社会前最好的磨炼。在社团中，可以培养团队合作的能力和领导才能，也可以发挥你的专业特长。但更重要的是，你要做一个诚心诚意的服务者和志愿者，或在负责学生工作时主动扮演同学和教师之间沟通桥梁的角色，并以此锻炼自己的沟通能力，为同学和教师服务。

④从周围的人身上学习。在班级里、社团中，多观察周围的同学，特别是那些你觉得交往能力和沟通能力特别强的同学，看他们是如何与人相处的。例如，看他们如何处理交往中的冲突、如何说服和影响他人、如何发挥自己的合作和协调能力、如何表达对别人的尊重和真诚、如何表示赞许或反对、如何在不冒犯他人的情况下充分展示个性等。通过观察和模仿，你会渐渐地发现，自己的人际交往能力会有意想不到的改进。在学校里，每一个朋友都可以成为你的良师，他们的热心、幽默、机智、博学、正直、礼貌等品德都可以成为你的学习内容。

⑤提高自身修养和人格魅力。如果觉得没有特长、没有爱好可能会成为自己人际交往能力提高的一个障碍，那么，你可以有意识地去选择和培养一些兴趣爱好。共同的兴趣和爱好也是你与朋友建立深厚友谊的途径之一。

（3）职业需要的人际交往原则

在人际交往的过程中，是需要遵循交往原则的。遵循正确的交往原则，会非常有助于大学生和谐人际关系的建立。

①平等尊重原则。渴望平等尊重是人的精神需求之一，尤其是大学生，在自我成长和职业生涯设计的过程中，学会尊重别人，就等于获得了别人的尊重。当前，高校中有少部分大学生因其家庭优越、经济富裕而看不起比自己条件差的同学，其实，看轻别人就等同于看轻自己。平等尊重原则的遵守，不仅能满足我们渴望得到社会和他人尊重的愿望，而且是人际交往成功的前提。

②真诚宽容原则。真诚宽容是交往的根本，也是友谊建立的基础，以诚待人是交往得以建立、巩固和发展的重要保障，是在社会中生存的立足点，更是美好品德的体现。只有真诚才可以赢得永久的友谊，只有真诚才可以获得他人的坦诚相助。宽容有助于扩大交往的空间，消除彼此间的紧张和隔阂；宽容是一种涵养，是一种美德；在宽以待人的同时，自己的心灵也得以净化和慰藉。

③互利互惠原则。在交往中，应该相互关心、相互帮助、相互支持，在满足自身需要的同时，又积极促进了相互间的联系，深化了感情，使友谊更加牢固。从心理学角度说，交往行为的发生总是源于一定的动机，这个内在动机就是期盼着通过交往"获得众人的支持"，因此，当别人需要帮助的时候，伸出援手，我们不仅能体会到被人需要的一种特殊的快乐，还可以深切地体会到别人"滴水之恩，涌泉相报"的情谊。互利互惠是大学生人际交往的必然要求，是步入社会实现职业目标的重要前提。

④有益互助原则。交友得当，终身受益；交友不当，贻害一生；与什么人交往，交什么样的朋友非常重要。不同的人会选择不同的朋友，对其一生的影响自然不同。在大学期间交友，易于寻找志同道合的朋友，与此同时，他们将是我们一生中最重要的朋友。因此，在交往过程中，既要遵循有益互助的原则，还要学会处理好竞争和合作的关系，学会处理好个人与集体的关系。要在服从集体利益和共同目标的前提下，充分发挥自己的积极性；在自己努力的基础上，自觉投入到集体合作中。益友、挚友自然会在我们身边出现并相伴终生。

三、大学生职业生涯管理的模式

职业生涯管理是有规律可循的，在大学生职业生涯管理过程中，可以借鉴一些科学、成熟的管理模式，提高职业生涯管理的效率。

（一）发展任务管理模式

在大学生职业生涯管理过程中，首先一定要明确职业生涯各个阶段的发展任务，只有明确任务，才能在职业生涯管理过程中有效实现自己的目标。职业生涯任务管理对大学生职业生涯发展有着重要意义，既可以作为大学生职业生涯规划的参考，也可以作为职业发展各阶段实施状况的一个衡量标准。当然，各阶段的任务具体到某一个特定的个体和其所从事的职业的不同，会有一定的差异，但从共性来看主要包括以下内容。

1. 职业准备期

在此阶段的主要任务是接受适当的教育或培训，以进行知识储备和技能的有效培训。包括：①在知识的学习、业余爱好的形成和提高以及其他活动中，自我洞察自己的需要与兴趣，不断发现并发挥自身的才干、知识和能力。②从人际交往与反馈中锻炼角色领悟能力，对自己的基本情况做出判断，初步选择职业方向。③了解有关职业信息，做出有倾向性的学习计划。④寻找试验性的工作或兼职，探索满足自己需要的职业方向。

2. 职业选择期

这个阶段是职业生涯积累经验和素材的阶段，主要任务是发现自身职业特质和职业兴趣与具体职位的匹配度，锻炼心理素质，继续进行知识储备。包括：①衡量组织提供的职业信息，如工作环境、职业种类、待遇等，是否与自己的需要相匹配。②学会处理理想与现实之间不相吻合所带来的问题。③学会与第一个上司相处，建立初步人际关系网。④尽快熟悉企业文化，尽快了解岗位，学会与他人沟通。

3. 职业适应期

此阶段已经成为企业的正式成员，承担某一项工作的责任，需要发挥并发展自己的能力，为提升或进入其他职业领域做准备。包括：①学会应对第一项工作带来的成就感或挫折感。②根据领导与同事对自己工作的反映，根据组织提供的职业道路与发展机会，评价自己的工作能力，并评估自己所选择的职业是否正确。③学会应对各种复杂的人际关系。④调整态度与价值观，努力使之与企业、工作相适应，并进一步判断在企业中的去留。

4. 职业稳定期

在这一阶段，有的人可能被提升，承担更大的责任；有的人可能仍然保持着自己原来的职业；有的人可能在原来的职位上继续自己的专业钻研，保持技术权威地位；有的人可能要被组织转换到另一横向职业领域；有的甚至离开组织。包括：①处理自我发展、家庭发展带来的压力，并使之与工作协调起来。②继续学习，保持自己的职位。③发展自己的职业绩效标准，形成自己独立的见解，相信自己的决策。④重新评估自己与组织的依附关系，以及是否进行新的职业选择。

5. 职业衰退期

领导者：①学会整合别人的努力，扩大自己的权威影响。②学会行使权力的技巧与技能。③学会处理组织内部或组织与环境之间的矛盾与冲突。④从主要关心自我，转向更多地为组织的长远利益服务。⑤学会承担领导者的角色，挑选与发展接班人。⑥正确处理好与家庭的关系，应对各种家庭变故。⑦树立良好的公众形象。

非领导者：①坚持技术上的竞争力，保留自己的技术权威地位。②学会成为一名良师，学会怎样带好新员工。③发展所需要的人际和群体技能。④扩大和加深兴趣并拓展技术的广度和深度。⑤应对比较有能力的年轻成员对自己带来的职位威胁。⑥提高应对家庭中出现的正常和非正常变化的能力。

（二）标杆管理模式

标杆管理是现代企业的一种新型的经营管理模式，对于提高企业自身产品质量和经营管理水平，增强企业竞争力，有突出的效果。在职业生涯的管理过程中，每一个人都必须随时准备向全球各地的同行相比较，向优胜者学习，需要运用标杆管理的方法进行自我完善。职业生涯的标杆管理主要包括以下三个方面的内容。

（1）确认标杆管理的目标。标杆管理的目标也就是大学生职业生涯管理学习的对象，即标杆。确立的标杆可以是自己的专业领域或自己感兴趣行业领域中的典范，也可以是周围所熟悉的同学、朋友或教师，标杆要具体，并有参照的意义。

（2）通过自我分析，对照设定的标杆，找出自身差距，确定学习目标。首先通过自我分析找出自身职业生涯发展中的问题所在，然后确定学习目标。学习目标一定要具体，它可以是你的标杆的某一项突出职业技能，也可以是一种重要的职业素养，总之，是你的标杆在生活、工作等方面表现出来的成功的品质。找到差距后，通过与标杆的交流或访谈，收集与分析数据，确定各项指标。

（3）瞄准标杆管理的目标，制订可行的学习目标，把学什么细化、量化。这个步骤是职业生涯标杆管理中最关键的部分。首先要结合标杆的各项指标，找到可操作性强的缩短差距的有效途径；然后在这一基础上进行系统学习与改进，实施标杆管理。在这一步骤中，要结合实际，创造适合自己的职业生涯管理方式，要注意超越自我，克服学习中的惰性。

（三）问题诊断与解决模式

随着职业生涯管理的不断变化，在实际的职业生涯发展中，大学生一方面须保持职业生涯规划的稳定性和积极性，不断提高自身的知识技能以拥有更好的职业化能力；另一方面，大学生还要具备良好的心态与理念，以适应外部环境的变化，保持自己的职业竞争力。然而，多数大学生希望自己所掌握的技术和技能能够长久适用，自己的专业优势能够始终得以保持，这是多数大学生都存在的潜在矛盾。职业生涯问题诊断与解决模式将帮助大学生有效地处理这两对矛盾，使同学们的职业生涯进一步完善。

第六章 大学生职业适应与发展

第一节 职业适应概述

一、职业适应的含义

职业适应是指大学生与某一特定的职业环境进行互动、调整，以达到和谐的过程。职业适应水平是指大学生在某一时间点上对其职业适应的程度，它在一定程度上决定着毕业生就业的成功率，并且会对他们以后的职业发展有重要的影响。

实际上，人与职业的匹配是相互的，职业的适应性应该从人与职业两方面看。对于个人而言，它特指人的个性特征对其所从事的职业的适应程度。对于职业活动而言，通常指某一类型的职业活动特点与人的个性特征有机统一的程度。当然，在职业适应的过程中发挥主要作用并居于主导地位的还是人本身，而职业对于人的要求则是不断变化的，它要求人能够适应不断变化的工种、岗位、工作技能等。在现实中，每个人与自己所从事的职业之间既有相适应的一面，又有不适应的一面，职业与个人之间的适应是一个循序渐进的过程，只能在不断磨合的过程中达到和谐统一。同时，人的个性特征与其职业活动之间又是相互作用、相互联系的，若是不能发挥主观能动性，再好的职业也无法适应。所以，个体在工作实践中不断培养和加强与职业要求相适应的个性特征与个人素养，这对职场新人来说显得尤为重要。

总之，职业适应是大学生在职业认知和职业实践的基础上，不断调整和改善自身的观念、态度、习惯、行为和智能结构，以良好适应职业生活发展和变化的过程。

二、职业适应的内容

大学生从走上工作岗位的那一天起，就要积极主动地进行职业适应，这也是大学生向职业人转变的第一步。一个人从开始职业生涯到完全适应职业生活，要经历对职业规范、企业文化、工作环境、岗位规范的观察、领悟、认知、模仿、认同、内化等一系列的学习和实践过程，才能完成对职业生活的能动适应。大学生在就业初期能否适应职业生活和职业环境将直接影响工作的效率和个人的信心。因此，了解掌握职业适应的内容，有助于顺利适应工作，有助于个人的成长和成才，最终实现职业理想。实践证明，大学生职业适应包括角色适应、心理适应、生理适应、能力适应、环境适应和群体适应六个方面。

（一）角色适应

角色适应就是对工作岗位的适应，即对所从事职业的地位、性质、职责的适应。刚离开校门的大学生很容易把事情看得简单而理想化，由于社会角色的改变，大学生在就业初期都会遇到角色适应的问题。大多是由于对新岗位事先估计不足,思想不切实际或者不能及时转变思想观念,这些因素让很多大学生在初入职场时常走弯路以至于碰了壁还莫名其妙、不知所措。因此,毕业生在踏上工作岗位后,要能够根据现实的情况调整自己的期望值和目标,明确自己在职场中扮演什么样的角色,该怎样强化自己的职业适应力,善于用新的职业规范要求自己,这样就能得到较好的发展。

(二)心理适应

心理适应是指大脑对新职业的各种信息引起的各种心理过程,如感觉、知觉、注意、情绪、意志、性格,都有一个适应过程。心理学研究表明,个体的社会角色发生变化时,新旧角色的转换过程必然伴随着不同角色之间的相互冲突。这种角色冲突是普遍存在的,因此,大学生从学生角色转换为职业角色不可避免地会出现各种各样的问题。

1. 对新工作岗位的心理适应

毕业生在走上新的工作岗位以后,容易产生怀旧的心理,常常会以学生的角色来要求自己和对待工作,以学生角色的习惯方式去观察问题、分析问题,导致在工作上总是被动地听从上司的安排和指挥,完全没有独立工作的观念。大学生在新的环境中,通常会遇到比较复杂的人际关系和较为沉重的工作压力,这些都需要大学生很好地进行自我调适以适应工作需要。走上工作岗位之后要把自己从学生时代的"万众瞩目"转变为工作上的"默默无闻",学会从底层做起,做一个既能干,又肯干的人。

2. 面对职业预期与现实差距的心态调整

对于入职不久的大学生新人来说,他们对新的工作岗位充满着各种各样的期望。但是,这些期望一般都不理想,往往与现实情况存在着较大的差距。当入职前形成的心理预期没能得到很好的满足,就会产生一种失落心理,影响自己的工作抱负和对职业发展前景的看法,甚至动摇自己长期从事本职业的信心。遇到这种情况要给自己设定一个切实可行的短期目标,使自己能够清晰地明确责任和使命,产生动力,去不断完善自我,向目标前行。随着这些目标的实现,就会产生一种成就感,心态也会向着积极主动的方向转变。

心理适应是新人跨入职场的基础,所以,大学生在心理适应上要更加注意。只有把握好良好的开端,后面的职业生涯才会少些艰难。首先,心理适应最重要的一点就是要自信,自信是提升自己工作适应力的第一步。刚开始从事新职业肯定会有许多意想不到的困难,但是只要自己慢慢积累经验,吸取教训,学会适应,在同事们的帮助下,自己的独立工作意识会慢慢养成,困难也将逐一被克服。其次,就是耐心且脚踏实地的工作,这样能让自己在遇到各种棘手问题的情况下也能镇静自如地应对。通过应对各种不同的问题,自身的创造性和能动性也将会有进一步的提升。最后,在生活中学会扮演多种角色，一个人能够扮演的角色数量越多，通常就越能适应社会环境的变化。

（三）生理适应

生理适应就是对工作时间、劳动强度和紧张程度的适应。大学生走出校门就业之后，环境的变化较大，很多大学生在就业后都表现出对工作节奏的不适应，感到时间紧张等，这种情况下更要注意科学运用时间、管理时间，注意生活规律。要想管理好自己的时间，一定要讲求一些策略。首要的就是设定时间使用标准，计划好做每件事情的时间，对每天的时间安排进行管理。其次就是要找出最重要的事情来。有研究者曾经提出，真正重要的有意义的事情只占所有使用时间中的20%，而剩余的时间往往都使用在了一些次要的琐事上。所以，要想有效利用和管理好自己的时间，一定要区分出哪些事情重要并且需要尽快解决。最后，在区分主次之后就要找出正确地做事顺序，其顺序依次应该是重要而紧急的、重要但不紧急的、紧急但不重要的、不紧急且不重要的。只要生活有规律，生理上就会很好避免不适应的情况。

（四）能力适应

能力适应是指大学生根据职业岗位需求来调整和改善自身所具有的知识和能力结构，使之适应职业岗位要求的过程。大学毕业生只有将已有的知识结构与适应社会需要的各种能力整合起来，使自己的职业能力具有更广的适应性，才能在职场竞争中处于优势地位。当前的经济形势错综复杂，市场竞争非常激烈，用人单位对毕业生的技能要求也越来越高，希望毕业生能尽快适应工作岗位的要求，独立开展工作。职业能力的形成依赖于职业知识的习得，而职业知识又具有一定的社会性，个人正是通过参与社会活动来形成自己的职业认识和职业经验的。对于富有挑战性的工作，大学毕业生应主动申请，在完成工作任务中提升自我、展示自我。能力的提升不仅是一种目的，更是一种促进成长的方式。

（五）环境适应

工作环境的适应就是使员工感知到他与企业之间具有许多共性，并由此产生一种归属感。由于人们所处的环境（自然环境、地理环境和社会环境）是不断变化的，适应环境就是要随着环境的变化而变化，在适应中获得更好的发展。环境适应主要是指人对社会环境的主观能动作用。职场新人在环境适应中经常出现各种各样的问题，这些现象会对大学生适应环境造成明显的不良影响，不良影响得不到很好的纠正和处理，就会导致一些大学生不断跳槽，工作热情不高，以及工作质量下降。

（六）群体适应

群体适应就是大学生对就业后新的工作群体的适应。大学生在校期间，群体关系主要是同学关系，相对来说比较单一，基本上没有什么利益上的冲突或者纠纷，但是在进入职业岗位后，无论是人际关系还是工作环境都发生新的变化而且会变的更加复杂，面临的将是不同年龄、性别和不同层次的人，而处理好和这些人的人际关系非常重要。这种交往方式和大学时代的交际有很大不同，而且工作上往往会出现利益上的冲突、纠纷以及竞争。为了尽快适应新的群体，大学生应该放低姿态，恰当的礼貌往往也会赢得好感；其次也要适当地表现自己，让同事和上司最大限度地认可自己，赢得职场人缘。

第二节　职业适应问题及对策

一、从学生到职业人的适应

告别了学生生涯，踏上漫长的职业生涯之路时，大学生迎来了人生中又一个新的里程碑。能否顺利完成转变，尽快进入新角色，是能否尽快适应职业环境的关键。因此，每一位即将毕业的大学生，必须有足够的心理准备，增强角色意识，了解自身将要转变的角色特点。

（一）正确认识角色区别

学生角色和职业角色是两个完全不同的社会角色，因为作为学生和作为职业人，两者的社会权利与义务是不同的，所代表的身份也有着根本的区别。

大学生是学生角色中的一个典型群体。在大学期间，学生的主要职责是努力学习各种专业知识，掌握各种生存技能，使自己德、智、体、美、劳全面发展，具备为社会服务的本领。虽然大学生已经开始享有绝大部分的社会权利，也需要履行同等程度的社会义务，但社会对大学生的要求更多是接受教育、完成学业，为今后投身工作储备能量。在经济能力方面，由于这一时期主要还是以学习为主，生活重心也主要局限于校园环境，因而绝大多数的大学生还没有完全独立的经济能力，经济来源仍然主要依靠家庭。在人际关系方面，大学校园是众所周知的一片净土，无论是同学朋友还是师长，大学生几乎不需要过多的交往顾虑，可以自由的畅所欲言，可以真实地表达自我和展露情感。

与学生角色相比，职业角色就复杂得多，也更加具有社会特征。所谓职业人就是参与社会分工，自身具备较强的专业知识、技能和素质等，并能够通过为社会创造物质财富和精神财富，而获得其合理报酬，以及在满足自我精神需求和物质需求的同时，实现自我价值最大化的一类群体。在经济方面，进入职业角色就意味着经济的独立，没有理由再依赖家庭和他人的帮助，这也是职业角色比学生角色更加具有社会性的重要原因之一。在人际关系方面，职业角色要承担更为复杂的人际交往，而社会上的人际关系相对于学校要繁杂的多，也更为微妙，对人际交往能力提出了更高的要求。在承担责任方面，作为职业人要有独当一面的能力，要善于自主学习。面对快节奏的生活、紧张的工作，承担的压力和社会责任也更大。大学生由于缺乏实际工作经验，开始工作时往往不能得心应手又没有能够依赖的人，工作压力往往会显著增加。

（二）顺利完成角色转换

角色转换指的就是个体因社会任务和职业生涯的变迁，从一个角色进入到另一个角色的过程，其根本的变化是社会责任和义务的变化。

著名职业生涯规划师依照年龄将人生阶段与职业发展相结合，提出了职业生涯彩虹图理论。在职业生涯彩虹图中，纵向层面代表的是生活空间，是由一组职位和角色所组成，可分成子女、学生、休闲者、公民、工作者、持家者六个不同的角色，这些角色之间相互影响交织出个人独特的生涯类型。

大学毕业生从学生角色转变到职业角色的过程中必然伴随着角色冲突，只有尽早做好准备，形成职业角色转换观念，提高职业角色技能，增加角色扮演能力，才能使自己的职业生涯有一个良好的开端。在这两个角色相互交替的过程中，无论是即将毕业时的准备过程，还是刚刚进入职场的预备阶段都非常重要，因此充分把握好这两个阶段是实现角色顺利转换的必备条件。

1. 毕业前的准备

在我国，大学毕业生一般于每年 7 月初离校奔赴工作岗位，但很多学生正式就业一般从前一年的 10 月份甚至暑期就开始了，前后共有近一年的时间。可以说，这一时期是毕业生转变角色的重要阶段。这一阶段要学会认识自我，清楚自己的真正需要、能力范围以及职业兴趣，在此基础上寻找合适的工作，为即将面临的职业生涯做好充分的准备。学会自我认知、自我定位以及自我调适，是这一阶段的主要工作。

（1）自我认知

自我认知包括掌握自己的生理状况，如自己的体型特征、相貌特征、兴趣爱好、能力、性格、气质等，还要了解自己的心理特征和心理承受力，同时对自己的人脉关系也要有清楚的认识。总之，就是要清楚自己喜欢干什么、不喜欢干什么；能干什么、不能干什么。

（2）自我定位

在对自身有了明确认知的基础上，要对自己未来的工作岗位进行心理定位。毕业前夕是择业的黄金时期，毕业生通过与用人单位的双向选择，了解用人单位，合理确定自己的职业及工作岗位。自我定位帮助毕业生明白自己的目标和需求，在选择职业的过程中更加客观全面。在毕业生与用人单位的接触过程中，全面了解用人单位的基本情况；切身体会社会对自己的认可程度；根据实际情况调整自我定位；这是学生角色向职业角色转变的第一步，对角色转换具有深远影响。

同时，在求职过程中找到理想与现实的差距，利用就业意向签订到毕业离校这段时间，进行有针对性的知识学习、能力培养，能够为角色的顺利转换奠定基础。

（3）自我调适

每个人的择业过程都不是一帆风顺的，甚至大部分毕业生在择业时都会遇到困难，当面对出现的各种困难时，毕业生需要进行恰当的自我调适，并利用毕业前这段时间，在顺利完成学校要求的实习实践和毕业论文的同时，进行一定的学习和训练。

①学习与未来工作岗位有密切联系的专业知识和专业技能。大学的课程设置总体上偏重于基础知识的学习和基本技能的培养，而不一定涉及特定岗位上所需要的专业知识和技能。同时，通过学习和训练，还可以加深对未来职业岗位的认同，培养工作兴趣。

②进行非智力因素技能的训练。大学毕业生智力上的相差并不太大，而非智力方面的技能却是影响毕业生择业、就业和创业的重要因素。毕业生要敢于表现自己，克服在公众面前"害羞"和"胆怯"等人格心理方面的不良现象，这是给人留下良好印象的前提和关键；要学会表现自己，提高书面表达能力和口语表达能力；在与人交往的过程中要诚恳而不谦卑，自尊而不倨傲，不急不躁，以富含感染力的幽默语言来表达自己的意图。

③进行必要的心理准备，特别是"受挫准备"。大学毕业生走上工作岗位，并非都能在自己的工作岗位上实现成功。无论是痛苦于找不到合适的工作，还是在多份优秀的工作中踌躇徘徊，或是经历了社会上各种挫折的刺激。如果心理准备不足，就会产生过激情绪，导致能力下降，使自己的才华泯灭。因此，大学生在校期间要提前调整心态，充分做好心理上的"受挫准备"。在事业顺利的时候不沾沾自喜，以平常心对待工作，在不懈追求中奋发向上，这是事业成功者的必备素质。

2. 实习期的转变

一般来说，毕业生在开始工作的最初阶段都会有一个实习或试用的阶段，这个时间或长或短。实习阶段是角色转变的"磨合期"。虽然相对于今后长久的职业生涯来说，试用期所占的分量并不大，但这一阶段在很大程度上决定着未来的职业生涯能否顺利。完成实习期间的角色转换主要包括以下两个方面。

（1）熟悉并适应新的工作

实习期事实上就是一个学习和熟悉的阶段，因此，进入职场后要及时地针对新的职业进行学习。其中最关键的就是学习本职业务的应用知识，尤其是如何将书本上的知识与实际结合起来。大学生要加快社会化进程，实现角色的转换，在实习期通常要熟悉或了解三方面的内容。

一是熟悉企业环境。主要是了解企业的创业、成长和发展历程；了解企业的性质，包括企业的资产规模、企业的所有制性质等；了解企业的现状，如果是生产性企业，还应了解企业的产品结构；了解企业的组织结构，包括领导构成、管理模式；了解单位的规章制度，包括财务制度、考勤制度、工作纪律、操作规程等；了解企业的人事制度，这涉及职务职称的晋升、调配、考核与奖惩以及工资福利待遇等一系列切身利益问题。

二是了解企业文化。企业文化能够凝聚全体员工，使其形成一个整体，通过企业文化，可以明晰全体员工的共同追求、共同目标、共同行为规范和价值标准。通过企业文化，可以了解企业的基本行为准则，能够较好地加快适应企业要求的步伐，使自己迅速融入企业及员工间的人际交往中。

三是熟悉工作内容。这包括充分了解自己岗位的任务和责任；明确本岗位处理事务的工作权限；明确本岗位处理事务的执行程序，并按程序办事；掌握本岗位工作所需要的基本技能。以忠诚的态度，尽最大的努力去完成岗位规定的任务或其他交办的事情；学会及时反馈，将办理事务的进展情况或结果及时汇报至有关部门或人员，以便及时掌握和了解情况；在执行任务中，遇到无法解决的难题，及时报告至有关部门，了解哪些部门具有何种职责和工作范围；以强烈的责任心对企业的生存和发展问题提出合理的建议。

（2）调整心态并完善自我

大学生进入工作岗位后，仅仅具备工作能力还不够，除了专业知识的学习储备外，还应该学会快速调整心态和学习基本的职场礼仪。

一是承认现实，接受现实，并适应现实。现实是客观的存在，当现实与大学生的主观认识存在较大反差时，要努力去适应它，当我们一时改变不了现实的时候，就要设法改变自己对现实的认知和态度，努力适应新的环境、新的人际关系，调整心态，尽快融入新的集体，塑造人格，使自己尽早走向成熟。

二是安心本职，甘于吃苦。安心本职是角色转换的基础，刚走上工作岗位的毕业生应尽快从大学生活中跳脱出来，尽快全身心地投入新的工作。许多大学生在工作后几个月还静不下心来，不安心本职工作，这对角色转换的实现是十分不利的。甘于吃苦是角色转换的重要条件，只有甘于吃苦，才能很快适应工作，及时进入角色并实现角色转换。

三是放下架子，虚心学习。事实表明，一个人在学校学到的东西毕竟是有限的，大部分知识和能力仍需在工作实践中学习和锻炼。尽管大学毕业生在校期间已经学到了一定的知识，但在陌生的职业面前，一切都要从头学起。毕业生要谦虚、勤勉，尽快实现角色转换。

四是善于观察，勤于思考。要进入职业角色，还要开动脑筋，只有善于观察，才能发现问题，并运用自己所学到的知识去解决问题，真正探索到职业对象的内部结构，掌握第一手资料。也只有勤于思考，在工作中才会有自己的见解，逐步具备独立完成工作的能力，更好地承担角色责任。

五是勇挑重担，乐于奉献。这是完成角色转换的重要体现。大学毕业生奔赴工作岗位后，应当从一开始就严格要求自己，树立高度的主人翁责任感和积极的奉献精神，不计个人得失，努力承担岗位责任，主动适应工作环境，以促使更好、更快地完成角色转换。要对自己有信心，要学会独立思考并能够独自对自己的目标作决定。对那些诸如自卑、孤独、失落的心理感受要积极地采取措施加以克服。

六是养成良好的职业习惯。工作期间，要特别注意养成守时、诚信、严于律己、宽以待人的好习惯。初到单位必先了解其作息规律，熟悉其规章制度，不管是上下班还是会议时间，或外出办事等，都须严格遵守约定的时间。在人际交往中，一定要讲诚信，做到言必行、行必果，给人可信、可敬的印象。

七是注重礼仪。毕业生在单位中要懂得尊重和谦让，懂得恰当的职业礼仪。刚刚走上工作岗位的大学毕业生，衣着打扮应能表现青年人朝气蓬勃、乐观向上的精神面貌，以整洁、朴素、大方为宜。

二、职业适应要注意的问题

大学毕业生步入社会，初入职场，在从学生角色向职业角色过渡的过程中往往会面临着新旧角色的冲突。有些毕业生由于受到社会因素、家庭因素，尤其是自我认知能力、人格心理发展、意志品质以及情绪情感等因素的影响，不能正确认识角色过渡的实质，或在角色过渡中不能持之以恒，因此在初涉职场时应注意处理好以下问题。

（一）树立良好的第一印象

对于初入职场的大学生来说，迈好职场的第一步至关重要。人与人之间的相互认识和了解总会有第一印象。如果让人看着顺眼，人们就会在你身上寻找其他好的特点；反之，如果不讨人喜欢，人们就开始在关注影响你形象的短处，并很快发现你的弱点和不足。例如在医院，良好的第一印象可以增添患者的信任感，达到主动配合治疗的目的，形成良好的医患关系；在企业，良好的第一印象可以赢得客户的支持，从而提升工作业绩。因此，第一印象很重要，它直接影响着你以后的形象和事业的发展。

1. 收敛自己的个性

初涉职场的大学生需要做多方面的自我调整。学生在学校强调个性，学校也鼓励学生个性和谐发展。但在企业，强调的是下级对上级的服从与尊重，是团队合作的精神和严谨的工作作风。职场上需要的不是你的个人独秀，而是你在团队中的表现，是如何用集体的智慧和力量完成工作。无论你在学校里学业成绩有多优秀、社会活动能力有多强，也不论你的雄心壮志有多高，成功都不会是独立实现的，你所处的环境、你的机会，都是影响你成功的重要因素。

2. 保持平常的心态

初涉职场的大学生要有一种从零做起的心态，放下大学生的架子，充分尊重领导和同事的意见，不论对方的年龄大小，只要是比自己先来单位的，都应该虚心地向他学习，以平常心看待工作、看待同事。要时刻问自己"我可以为团队做什么贡献？"而不是急于表现自己。在工作中，特别是在企业，强调的是结果，谁能出成绩谁就是好样的。这和你的学习成绩以及来自哪个学校无关。

3. 表现得体的言行

个人的相貌是天生的，是不能改变的，但言谈举止是可以通过自身不断学习得到完善的。在单位，对待任何人，都应该亲切、热情、大方、有礼貌。虽然说，第一印象并非一贯正确，但它影响着你的人际关系，以至整个职业生涯的发展。

（二）融入企业文化氛围

企业文化氛围是指在企业整体环境中，体现企业所推崇的特定传统、习惯及行为方式。企业文化氛围是无形的，以其潜在运动形态使企业全体成员受到感染，因为感受到企业的整体精神追求，所以产生思想升华和自觉意愿。它是一个企业的特殊的文化气氛和情调，虽然看不见摸不着，但可以被感觉得到。通过强化企业文化，影响着企业的日常管理、员工的价值理念和企业的生产经营效率。

（三）从小事做起

近年来，毕业生要求调整工作职位的人数增多，就是因为一些毕业生就职后通常会从基础工作做起，但他们很长时间还不能稳定情绪，进入职业角色，还寻找各种原因，认为没有适合自己的职位。事实上，如果不能静下心来踏踏实实地学习、适应工作，不管什么样的岗位都不会适合。刚开始工作时，不要奢望挣很多钱或很快得到提升。其实上级对新进人员的考察正是从小事开始，所以无论上级交给你的事情多么零散，或者根本不是你分内的事，你都要及时地、热情地处理好，即使领导不再追问，也不可不了了之，一定要给出结果。只有逐渐得到信任和肯定，才会有"做大事"的希望。

（四）适时表现自己

一些毕业生在角色转换过程中很容易依恋学生角色，出现怀旧心理。因此，在职业生涯开始之初，许多人常常会自觉或者不自觉地把自己置身于学生角色之中，以学生角色的社会义务和社会规范来要求自己、对待工作，以学生角色的习惯方式来待人接物，来观察和分析、处理问题。其实在工作中，要适度表现，敢于说话。当然，举止应稳重，不要随便打断他人的发言，更不要夸夸其谈、喧宾夺主。

（五）正确面对批评

一些毕业生在角色过渡的过程中容易受社会环境的影响，表现出不踏实的浮躁作风和不稳定的情绪情感，一时想干这项工作，一时又想干那项工作，不能深入工作内部了解工作性质、工作职责以及工作技巧。对于领导或者老员工的批评不能客观面对，遇到困难就想着调整岗位进行逃避，事实上，刚开始工作时犯的错误不会断送你的前途，要主动检讨，并虚心听取批评。

（六）培养人际交往能力

职场人际关系是诸多人际关系中的一种独特类型，是身在职场中的人必须全面把握和灵活运用的一种社会关系。它具有一般人际关系的交往共性，同时又与其他人际关系有着显著的不同。主要表现在职场人际关系具有目的性、广泛性并且复杂多变。作为初涉职场的人，要把握处理人际关系的原则，强化自身的综合素质，特别是要注重提高明辨是非的能力。在工作过程中，应该注意自身形象和言谈举止，不任意妄为，要积极主动与别人交往并表现出良好的合作能力。学会友善的与他人沟通，并在适当的场合多赞美别人。当工作中遇到挫折、委屈、误解的时候，要注意努力控制自己的情绪。不要强加自己的意愿给别人，要善于倾听、反馈，同时学会换位思考。

（七）善于向别人学习

有些毕业生在刚进入新的工作环境时，不知道工作该从何入手、如何应对，在工作中缩手缩脚，怕担责任、怕出事故、怕造成不良影响，于是，在工作上放不开手脚，缺乏年轻人的朝气和锐气。有些毕业生对人才的理解不够全面准确，认为自己接受了比较系统的高等教育，拿到了学位，学到了知识技能，已经是较高层次的人才了。因而，往往轻视基层工作和基层工作人员，甚至认为自己做有些工作是大材小用，有失身份。毕业生毕竟缺乏实践经验，要想迅速成长，必须善于向同事学习，虚心请教。另外，许多人自恃学历高或毕业于名校，不善于与他人合作，过于自我，企业绝不欢迎这种人。所以年轻人应谦虚，善于向别人学习。

（八）理性看待离职

从长远来看，初入职场的大学生，不能轻言离职。在这个实力决定生存的时代，没有充足的知识准备与能力修炼，只靠运气和机遇是不行的。当遇到压力，对工作岗位和职责有所不满、有所怨言的时候，不妨考虑得长远一点、冷静一点、全面一点，不能稍有不满，就想离职。这在一定意义上来说是对现实的一种幻想和逃避，是无能和无助的表现。遇到挫折的时候，不能简单地和同事、同学进行攀比，每个人的起点不同，各有各的专长和特点，适合别人的并不一定适合自己，要充分认识自己的长处，把它发挥出来，才能走出一条适合自己的成功职业之路。

三、正确处理职场人际关系的方式

人际关系是职业生涯中非常重要的组成部分，特别是对职业人来说，良好的人际关系是舒心工作和安心生活的必要条件。对于即将毕业的大学生来说，自我意识较强，要踏入社会这个错综复杂的大环境里，更应该处理好职场中的人际关系。而在职场中，更多接触的是上级、同事、下属和竞争对手，只有处理好和他们之间的关系，才会使自己的事业蒸蒸日上。

（一）对待上级要尊敬

在职场中，与上级相处时，应在尊重的前提下，有礼有节有分寸地交流。任何一个上级，他们丰富的工作经验和待人处世方式，都是值得学习和借鉴的。工作中听从上级安排是必不可少的，但是给上级提意见也是本职工作中的一部分，面对一个经验比自己多的人，不能毫无顾忌地提自己的意见，要拿出详细的足以说服对方的资料计划，只有尽力完善、改进以及迈向新的台阶才是最终目的，这样才会让上级认可和重视你。

（二）对待同事换位想

职场上的人形形色色，同事虽然不是你工作汇报的对象，你不需要对其负责，但你少不了他们的工作辅助。绝对和谐的团队很难达到，你要做的就是最大限度地互相信任、互相协作。要把自己和同事放在一个平等的位置。职场新人容易犯的一个错误是自负。也许他们并不是有意地表现自己的优越感，但是，不拘束的表现风格还是可能会让其他人有不满心理。完成自己工作的同时，也要看情况帮助同事，以期形成互相帮助的习惯。职场新人容易犯的另一个毛病是不合群。长时间的不合群会让你被排除在人际圈之外，不仅会为你的工作带来麻烦，也会给你的职业发展带来阻碍。

（三）对待下属多鼓励

在职场工作中，只有职位上的差异，每个人在人格上都是平等的。当自己成为领导时，在公事公办的同时，要多听听下属的意见，要时常表扬和鼓励。当下属犯错误时，如果是无心的过错，不要过于严厉批评和责怪，而要给予机会弥补。在工作之余要学会耐心聆听和疏导下属，像普通朋友一样交往。其实与下属很好地打成一片，就是帮助自己，因为员工的积极性发挥得越好，工作就会完成得越出色，这样会使自己获得更多的尊重，树立开明的形象。

（四）对待对手有胸怀

在工作中，竞争对手是无处不在的。在自己超越竞争对手时，没必要蔑视人家，当竞争对手在你前面时，也不要存心找茬，因为工作是大家团结一致努力的结果。无论竞争对手如何使你难堪，千万不要跟他较劲，保持微笑，先静下心做好手中的工作。放平心态对待每一个竞争对手，这样既有大度开明的宽容风范，又有一个豁达的好心情。

第三节　职业发展路径及方向

一、职业发展概述

随着社会经济的快速发展，社会分工越来越细，职业发展的变化情况和发展趋势日新月异，职业发展的内涵、形式、特征等也随之发生了一定的变化。职业发展的成功与否直接影响到人生价值能否得到充分的体现。大学生了解职业发展的变化情况，对于当代大学生树立正确的择业观念，科学合理地规划个人职业发展，以及切合实际选择职业具有重要的现实意义。

（一）职业发展的定义

职业发展是组织用来帮助员工获取目前及将来工作所需的技能、知识的一种方法，也是个人逐步实现其职业生涯目标和工作理想，而不断制订、实施新目标的过程。职业发展又称为职业生涯，是由一个人在一生中所担任的所有工作职务构成的连续过程。它与组织关系密切，是个人与组织的共同追求。

（二）职业发展的形式

一个人职业发展的形式可以是多种多样的，但主要分为职务变动发展和非职务变动发展两种基本类型。

1. 职务变动发展

职务变动发展包括职务晋升与平级调动两种常见形式。晋升是职业生涯发展的常见形式，这通常被认为是一个人职业成功的标志，它也是职业主体劳动效率的动机来源。它能提高劳动者在工作中的积极性，促使劳动者在其职业活动中做出更好的工作业绩，尤其是对初涉职场的新人来说，效果更为明显。平级调动就是职业主体在同一级别上的职务调动，尽管职务没有提升，但常常可以满足一个人职业生涯发展的需要，因为这样可以在一个新岗位上学到更多的知识、经验和能力，在实现职业生涯目标上也可以得到发展，也为个人提供了更大的发展空间，并为将来的晋升做好准备。

2. 非职务变动发展

非职务变动发展也是个人职业发展的重要形式，特别是在个人晋升空间较小的情况下，非职务变动发展在一定程度上弥补了个人追求职业生涯成功的需求。尤其是对于那些组织机构扁平化、上层管理机构不断削减的单位和部门而言，非职务变动发展已经成为个人晋升的代名词。换言之，中层工作人员的职业发展主要是非职务变动发展，也就是通常所说的轮岗和换岗。

目前，随着职场变化的日新月异，非职务变动发展越来越成为职业发展的重要形式。为适应激烈的市场竞争，许多组织正经历着收缩、优化、重组等变化，组织不得不削减管理层的空间，这使越来越多的机构管理呈现出扁平化。在这种情况下，由于没有更多高一级职位的空缺，为了留住有才干的员工，组织上往往会通过发展员工现有职务"责权利"的方法，让他们"在原地生长"，使其职业生涯得到发展。

二、职业发展的影响因素

（一）个体因素

大学生的职业发展过程具有较强的自我能动性，成长的关键取决于自身，取决于个体日益增长的成长需要与自身素质之间的内部矛盾，这也是推动大学生职业生涯发展的根本动力。个体的年龄、性别、性格、兴趣、能力、价值观等都不同程度地影响着大学生的职业生涯发展。性格决定着个体适合什么，是实现职业高效发展的前提；兴趣决定着喜欢什么，是未来生活幸福感的源泉；能力决定胜任什么，是获得职业发展的保障；价值观决定人生追求什么，是职业发展的内驱动力。

另外，这些方面并不是彼此独立的，它们不仅会单一地从各自不同的侧面影响着大学生的职业生涯发展，同时，各项特质之间的矛盾关系也会影响大学生的成长。客观对待各项特质之间的矛盾关系，扬长避短，趋利避害，找到个性特质与职业发展的最佳结合点，对于大学生的职业生涯发展具有重要的积极作用，反之，则会阻碍或延缓发展。

再者，自我认知的水平与大学生的个体成长密不可分。它直接影响着他们未来的职业选择与发展。自我意识的觉醒时间与程度也会影响大学生的职业生涯发展。一些自我意识觉醒较早的学生会更早地关注自身的社会属性，定位自身与职业的关系，并逐渐形成相对理性、成熟、稳定的价值观念，有效推动着他们的发展。而自我认知方法的掌握也是影响职业发展的又一因素。一些大学生由于认知自我的方法不当，认知结果单一、片面、带有较强的主观色彩，从而对未来的职业发展形成了误解进而为职业发展带来了消极影响，同时也阻碍自身的成长。

（二）工作成就因素

工作成就是个人在特定的社会和工作条件下，在工作中所取得的成绩。工作成就能使个人从做事中获得快乐和满足，从成功中实现自我价值。那些在日常工作中勤奋工作、善于思考、善于创造价值、乐于为企业多做事情的人能够获得更多的工作乐趣，以及赢得更好的工作绩效和更多的发展机会。

成就感是个体潜能得到充分展示，个人对自己的能力和表现所体现出的一种积极的、自信的状态，是在自己取得了成绩或成功以后引以为傲的一种感觉。人的精神动力在很大程度上需要由成就感来维持。在追求事业的过程中，有无成就感取决于一个人对其当前工作的热爱程度。在工作中曾经取得的成就带给人的是活力和激情，而呆板、机械式的岗位和毫无成就感的工作往往会扼杀优秀人才的冲劲。

（三）家庭因素

家庭是大学生自出生后，第一个长期生活、相对稳定的生存环境，因此家庭因素是影响大学生职业生涯发展的重要因素。家庭的支持让大学毕业生感受到被理解、关爱和尊重，能够有效调节工作中的负面情绪，从而对工作形成积极的认知。家庭成员通过日常的沟通交流能够及时了解大学生的思想动态，能够站在大学生的角度来思考问题，为其提供亲切的关怀和精神鼓励。当遇到工作上的困难时，大学生会向家人们诉说，家人是他们最信赖的人，家人的观点最容易被他们接受，家庭成员也最了解他们的性格特点、兴趣爱好、个人特长等情况。家庭的经济状况、家庭成员的文化素质、教育方式以及社会关系等因素都会给大学生的成长带来不同程度的影响。

我们可以将这些影响概括为显性的物质影响与隐性的精神影响两个方面。

第一，显性因素的影响主要包括家庭经济状况、家庭所在地、家庭成员构成等一切在大学生职业生涯发展过程中产生影响的显性条件的总和。这些对大学生的生活方式、思维方式、对待职业的认知以及对于未来的期望等方面都会产生较大的影响。比如，一些家庭经济情况较好的学生会更早地接触到新兴的职业发展领域或技能，从而在职业生涯成长过程中具备良好的基础优势。又比如，一些家庭经济情况相对困难的学生会较早地认识到职业对于自身成长的重要价值，在自我觉醒与职业发展的过程中自觉性与主动性较高，从而表现出良好的后续优势。

第二，隐性因素的影响主要包括家庭成员的文化素质、价值取向、相处及教育方式等一切对大学生职业生涯发展产生影响的精神因素的总和。它们对大学生的职业价值取向有着重要的导向作用。这里所说的家庭教育方式是指父母对子女抚养教育过程中表现出来的相对稳定的行为方式，是父母各种引导行为的特征概括。一般来讲，民主型的家庭教养方式会使大学生较早地建立自我意识与职业意识，激发他们在成长过程中的自觉性与主动性，进而增强职业发展的动力，为学生的职业生涯发展发挥积极的促进作用；而家长制的家庭教养方式则会让学生在一定程度上缺乏自我意识，或过分叛逆，或过分依赖，在一定程度上制约了大学生的职业生涯发展。

（四）自我效能感因素

自我效能感是指个体对自己是否有能力完成某一行为所进行的推测与判断，即在执行某一任务之前能够成功地完成特定工作任务的能力信念以及自己能够在何种水平上完成该任务所作出的判断。

自我效能感直接影响大学生在工作中的表现，影响个人自我调节系统的发挥。自我效能感较高的人会以积极的工作态度和行动来面对工作中的各种挑战，在遇到困难和挫折时更愿意去克服。而自我效能感低的人在面对困难时会表现出消极的态度和情绪，并且缺乏主动性。自我效能感越高，个体的工作投入程度也相应较高。高度的自我效能感促使大学生将大量的精力和时间投入到工作中。他们对工作有较高的满意度，极少出现职业紧张的情况。自我效能感高的人更愿意努力克服工作上的困难，他们会坚持钻研业务，并在本专业领域上坚持较长的时间，从而有更多的机会取得工作上的成就。当自我效能感达到足够的强度时，大学生可以调动内在的动力，使自己愿意付出艰辛的努力去获取成功，促使个人职业能力的形成和发展。自我效能感高的人会有目的、有意识地不断认识和了解自己及外部环境的行为活动，为自己确定合适的职业目标，主动寻找多种可用于完成任务的资源支持，挖掘丰富的、可利用的任务资源。良好的自我效能感有利于大学生的职业生涯规划。自我效能感高的人会对自己的职业生涯发展更具有信心。在选择职业范围时，他们信心百倍，并有积极的职业行动，更容易作出正确的职业决策，使自己在职业生涯发展中取得成功。

（五）社会因素

大学生作为社会成员的重要组成部分，其职业生涯发展过程与社会发展变化紧密相关。首先，社会经济发展的整体水平对大学生职业生涯发展具有指向性影响。近年来，随着经济快速增长，产业结构不断升级，各地区对大学生的需求量尤其是高素质人才的需求日益增加，这为大学生就业创造了广阔的空间；同时，随着全球经济一体化程度的日益扩大，也使大学生职业选择的可选择面变得愈发宽广。其次，国家就业政策的导向性直接影响着大学生职业生涯目标的确立。不断优化的就业政策为大学生顺利完成从学生角色到职业角色的转变创造了良好的政策环境。与以往的就业政策和环境相比较，当前的大学生就业不再受户口等限制，这为大学生在全国范围内自主择业和就业以及人才的自由流通方面提供了更好的条件。

三、职业发展的方向

为了确保个人职业发展顺利，实现自我成长，大学毕业生应注意保持对目标的不懈追求、对工作的积极投入，并不断提升自我职业素养。

（一）明确目标并不懈追求

职业目标是大学毕业生对自己所期望的职业成功的明确决心。有什么样的职业目标，就会有什么样的奋斗历程。目标给人们指明了前进的方向，不停地鞭策着、激励着人们，使人们获得精神鼓舞；目标是每个人坚持努力的动力源泉，促使并引导着自己不懈地坚持下去；目标给予人们美好的愿景，激发他们高度的工作激情和生活热情，使人们不会迷失奋斗方向。在追求目标的途中，难免会遭遇一些挫折和困难，因而要有不怕困难的精神，勇于面对挫折，敢于接受挑战；要做好充分的思想准备，从精神上到行动上都要斗志昂扬并坚持到底。坚持不懈是对个性的执着，是对自己品格的肯定和坚持。只有坚持不懈，才能取得最终的胜利。

（二）积极投入且拒绝倦怠

工作投入是指心理上对工作的认同，并将工作绩效视为一个人价值观的反映。工作投入与工作倦怠是个人与工作情景相匹配的两个极。个人与工作情景之间匹配得越好，个人就能越顺利地胜任工作，对工作的投入就越高。当工作投入较高时，个体会将自己的精力投入到角色行为中，并在角色中展现自我；相反，当工作投入较低时，个体则会将自我抽离于工作角色之外，以避免自己做出工作角色所需要的绩效，并有可能产生离职想法。工作投入主要可以分为高活跃程度、高度奉献和精力集中三个方面。

1. 高活跃程度

高活跃程度是指大学生在工作时具有高水平的技能，工作状态良好，精力充沛，当出现困难时能够积极应对，并且能保证将工作任务按时完成。

2. 高度奉献

高度奉献是一种对工作的高度融入状态。个体的高度奉献是指个体具有特定的认知和信念，具有强烈的工作意义的体验、自豪感和饱满的工作热情，并有助于激发灵感的诞生。

3. 精力集中

精力集中表现为个体将所有的精力和注意力都集中在自己的工作上，完全投入到工作中的一种状态；总感觉时间过得很快，而不愿从自己的工作中脱离开来，甚至到废寝忘食的程度。工作投入能够促进工作绩效的提高，它使大学生具备强烈的责任感和承诺意愿，促使大学生加倍努力工作，创造更多的绩效。

（三）努力提升自身职业素养

大学生有没有能力，不是看他的学历有多高、掌握多少知识，而是看他在从事某一种职业活动时所表现出来的素养。如今，许多企业已经把职业素养作为对员工进行评价的重要指标。现代职场上的竞争，说到底是个人职业素养的竞争，职业素养已成为大学生的核心竞争力。

具有良好职业素养的大学毕业生能在工作岗位上很好地发挥潜能，不断进取；具有长远的眼光，做到顾全大局；在追逐个人价值的过程中也重视对社会价值的追求，进而在职场中找到属于自己的一片天地，更好地服务社会，实现自我价值，并且拥有更好的职业发展。

参考文献

[1] 沈丹，杨百忍，孟昕. 大学生创新创业教育 [M]. 南京：河海大学出版社，2021.

[2] 黄恒荣，马宁，李宪平. 大学生创新创业基础与实践 [M]. 上海：上海交通大学出版社，2021.

[3] 张晓华. 大学生创新创业教育路径探究 [M]. 北京：北京航空航天大学出版社，2021.

[4] 李明慧. 大学生创新创业理论与技能指导 [M]. 成都：四川大学出版社，2021.

[5] 李海灵，单莹. 师范院校大学生创新创业实务 [M]. 成都：西南交通大学出版社，2021.

[6] 柯东贤，黄俊生. 大学生创新创业教育：基于潮商创业精神 [M]. 广州：暨南大学出版社，2021.

[7] 程智勇. 大学生创新创业素质培养与能力提升 [M]. 成都：西南交通大学出版社，2021.

[8] 齐军营，杨静，杨兰. 思维力与行动力养成大学生创新创业指导 [M]. 上海：上海交通大学出版社，2021.

[9] 张晓蕊，马晓娣，岳志春. 大学生职业生涯规划 [M]. 北京：北京理工大学出版社，2019.

[10] 廖芳. 新时代大学生创新创业教育的策略研究 [M]. 北京：中国纺织出版社，2021.

[11] 刘治. 大学生创新创业 [M]. 沈阳：东北大学出版社，2020.

[12] 李雪萍. 大学生创新创业基础 [M]. 成都：电子科技大学出版社，2020.

[13] 范东业，谭荣. 大学生职业生涯规划与创新创业教育 [M]. 重庆：重庆大学出版社，2019.